SHACHU
BOOK

シャチューボン

JOSEI MODE

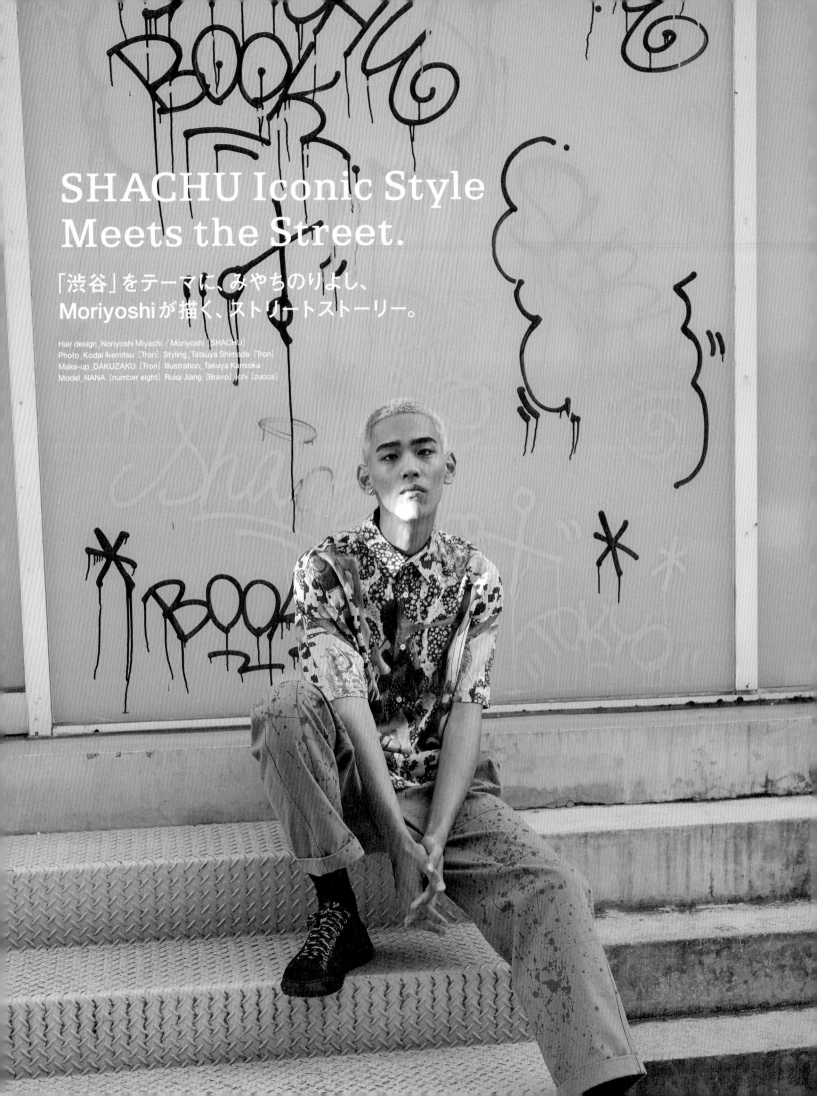

SHACHU Iconic Style Meets the Street.

「渋谷」をテーマに、みやちのりよし、
Moriyoshiが描く、ストリートストーリー。

Hair design_Noriyoshi Miyachi／Moriyoshi［SHACHU］
Photo_Kodai Ikemitsu［Tron］ Styling_Tatsuya Shimada［Tron］
Make-up_DAKUZAKU［Tron］ Illustration_Takuya Kamioka
Model_NANA［number eight］ Ruiqi Jiang［Bravo］ ichi［zucca］

シャツ：P.A.M ¥32,000、パンツ：black weirdos ¥32,000
（背表紙の衣裳も同様）

黄色い髪のモデル／アウター：black weirdos ¥58,000

SHACHU BOOK
トレンドカラーの教科書
特別付録

BLEACH

MEASURES BOOKLET

ブリーチ対策　ブックレット

CONTENTS

BLEACH BASICS

\ 今さら聞けない！/

ブリーチ基礎のキソ

まずは、ブリーチを学ぶ上で必ずおさえておきたい基礎知識を習得しましょう。

BLEACH BASICS | **01**

1剤と2剤の役割と見極め

髪を明るく脱色させるブリーチ剤には、1剤と2剤がある。1剤の主成分はアルカリ剤と過硫酸塩で、パウダー状のものが多い。2剤の主成分は過酸化水素で、クリーム状のものが一般的。2剤の濃度は、1.5%、3%、6%など製品によって種類が異なり、求める明度やダメージ度合いによりチョイスする。髪に塗布する前に、1剤と2剤をカップに入れてよく混ぜてから使う。

 1剤と2剤は混ぜた瞬間から反応が始まるので、必ず直前に混ぜること

 とにかくよく混ぜること。パウダータイプは、塗布時に粉っぽさが残らないように注意

 1剤と2剤の希釈倍率は、製品ごとに明記されている指定通りに設定すること

BLEACH BASICS | **02**

ブリーチ前の毛髪
診断チェックポイント

 お客さまの髪を触って、引っかかりがあったり、中がスカスカだったり、「ボロッ」「テロテロ」といったような感触があれば、ブリーチNGのサイン

ヘアカラー履歴、ブリーチ履歴、黒染め履歴、アイロン使用頻度などのほか、特に要注意なのが縮毛矯正とデジタルパーマの履歴があるケース。どちらも髪質によっては必ずしもブリーチができないというわけでないが、縮毛矯正の効果やパーマのかかりが弱くなる場合がある。必ず髪を触ってよく確かめること、その経験を積み重ねてダメージ度合いを判断できるようになることが大切だ。

BLEACH BASICS | 03

ブリーチ剤塗布時の注意点

 POINT 保湿は薬剤の浸透をよくするため

 POINT スピーディに塗る必要があるので、2人体制で塗布するのがベター

基本的には後ろから前の順に、下から塗っていくことが多いが、2回目以降のブリーチでは、履歴を見て明らかに暗い部分は先に塗布する。塗布後は、ムラを防ぐため、**表面や抜けにくい場所にはペーパーをのせて温度調節をする**のを忘れずに。ブリーチ施術では、明るくすることにとらわれがちだが、きれいに仕上げることが一番大事。**ムラなく均一**に、またオンカラーが映える**ベースを整える**、さらにきれいな色落ちをかなえるなど、貪欲にクオリティを追求していこう。

BLEACH BASICS | 04

塗布から時間が経つと、アルカリ剤が髪を膨張させる影響でだんだん全体にふくらんでくる。塗布範囲はこのふくらみも考慮して設定しないと、塗布時よりも塗布部分が広がり、うまく色がつながらなくなることも。ブリーチのリタッチ時には特に注意が必要で、ぎりぎりまで攻めるけど、攻め過ぎないことが大切。また、ブリーチのチェックは「塗布開始から○分後」というよりは、常時、髪を触って**チェックしながら塗り進める**くらいの意識が必要。塗り終える頃には、すぐ流すべきか、何分置くかなどの判断ができるようにしよう。

ブリーチによる髪の変化とチェックの目安

 POINT ダメージの進行度合いのチェックは特に慎重に

そもそも…… **ケアブリーチって何？**

ケアブリーチとは、**プレックス系の処理剤を使ったブリーチ**施術およびその施術メニューを指す。SHACHUでは、ブリーチ顧客のほとんどがこのケアブリーチをオーダーしている。切れにくく、傷みにくい、**指通りが良くなる**、などのメリットがあり、通常のブリーチよりもダメージを軽減できる。処理剤塗布の工程が増えるだけなので、施術時間は通常とあまり変わらない。

COTTON BLEACH TECHNIQUE

＼ ブリーチリタッチの救世主 ／

コットンブリーチテクニック

17レベル以上のブリーチリタッチ時におすすめの、コットンブリーチテクニックを紹介します。

What is cotton bleach?

コットンブリーチとは？

根元にブリーチ剤を塗布後、化粧用のコットンを貼り付けて薬剤の浸透力を高め、
リタッチ部分の明度を上がりやすくするテクニックのこと。

どんな時に使える？

新生部と既染部の明度差が大きく、塗りムラや色ムラが出やすい素材に対し、1回のブリーチで暗い根元を一気に明るくし、既染部との色をつなげやすくする。

なぜコットン？

吸水性、通気性、保湿性、保温性が高いという綿の特徴を利用。保湿・保温により薬剤の浸透力を高める。蒸れにくく不快感を与えない、時間が経ってブリーチ剤の粘性が弱くなっても吸水してくれるため、液ダレを防げるなどのメリットもある。

こんな場合に……

新生部と毛先（18レベル程度）との明度差が大きく、
中間部にはオレンジみが出ている状態。

↓

根元〜毛先をムラなく均一に
脱色するのは難しい素材

HOW TO

コットンブリーチの施術方法

コットンブリーチを使ったブリーチリタッチの手順を解説します。

下準備1

頭皮保護オイルを塗布

ブリーチ剤塗布前に、頭皮保護オイルを頭皮につける。厚さ2〜3センチのスライスをとり、ノズルから直接地肌に塗布後、指でよくなじませる。

※使用製品：アリミノ「アリミノ スキャルプオイル」

下準備2

コットンの厚さを半分に

コットンに厚みがあると施術しにくいため、コットンをはいで半分の厚さにしたものを準備しておく。

ブリーチ剤を塗布

新生部に塗布　　⟶　　コットンを貼り、つなぎ目にも塗布

新生部にブリーチ剤をしっかり塗布する。明度を上げやすくするため、スライスは薄めの3〜5ミリで、塗布量は多めに。全頭を同様に塗布。塗布時には、薬剤の揮発や膨張も考慮し、既染部につかないよう慎重に施術する。

POINT
より明るくしたい新生部にコットンを置く

時間を置かず、スライスをめくり、明度の上がり具合をチェックしながら、新生部をおおうようにコットンを貼りつける。この時、押しつけ過ぎないように注意。表面に置いてピタッとくっつけるようなイメージ。

↓

コットンを貼りながら、新生部と既染部のつなぎ目部分にもブリーチ剤を塗布。途中でチェックしながら20〜30分放置後、コットンをはずし、水洗。

BEFORE　　⟶　　ブリーチ・水洗後　　⟶　　オンカラー後

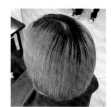

根元から毛先まで、きれいに色がつながっている

ブリーチできれいにベースを整えることで、透明感のあるハイトーンピンクに

QUESTIONS AND ANSWERS

\ 知りたい！気になる！/
ブリーチQ＆A

ブリーチに関し、美容師のみなさまから寄せられた疑問の数々に、
SHACHUディレクター・MORIYOSHIさんが答えます。

Q

ブリーチによる切れ毛を
防ぐ方法は？

A

一気に塗ろうとし過ぎない、リタッチ時にはオーバーラップさせ過ぎない、根元の塗布時には根元に薬剤をためないこと。白髪染めのように根元に薬剤をためて塗ると、ためた部分が切れやすくなります。その時は切れなくても、次回のブリーチのリタッチが危険な状態になる可能性も。また、履歴をきちんと把握することも大切です（履歴のチェック事項は前ページへ）。例えば、暗いからブリーチ履歴は1回だろうと判断するのは危険で、切れ毛が生じる原因につながります。

A

縦に塗布する部分をつくるとか、しっかり前上がりの角度をつけて塗布し、その角度をキープしながら塗るなど。ブリーチによるバレイヤージュ施術は、2回目以降に色をつなげにくいこともあるため、SHACHUでは全頭ブリーチ後に暗い色みでグラデーションをつくるソフトバレイヤージュを提案することも多いです。後のカラーチェンジもしやすいのでおすすめの方法ですが、ブリーチでのベースづくりが重要になります。

Q

ブリーチでバレイヤージュを
行なう際の注意点は？

A ブリーチでしっかり脱色できていないと補色の入れ過ぎで紫になりがちなので、黄みやにごりが残らないようにブリーチ剤のチョイスや2剤の濃度などを工夫すること。さらに、その後のオンカラーで入れる補色の比率の見極めも大事です。工程は増えますが、ブリーチ後にアルカリカラーで白っぽいグレーのベースをつくってから塩基性カラーで青みを入れると、色みの調整がしやすくおすすめです。

Q 薄い青の色みをつくる際に、注意すべき点は？

Q 黒染め履歴のある人が、ハイトーンカラーを希望してきたら？

A まずは1回ブリーチして明度の上がり具合をチェックします。明度が上がらず、2回目以降は危険と判断したら、**カラープラン変更を提案しましょう**。例えば、ミルクティ系で透明感を出す方向にシフトしたり、根元カラーや前髪インナーなどのポイントカラーを提案したりといったように。デザインの引き出しをたくさん持ち、その中からベストな提案ができるようになるには、やはり練習と経験あるのみです。

A 丁寧に、均一に塗布することはもちろん、**明度が上がりやすい部分には塗布量を少なめに、上がりにくい部分には多めに塗布する**、この見極めをしっかり行ない、対処することです。また、コットンやアルミホイル、ペーパーを上手に使い、温度を調整することも大切です。

Q ベースを整えるのに必要な技術は？

Q ブリーチ毛のお客さまにアドバイスすべきことは？

A ホームケアをきちんとしてもらうことが一番なので、まずは**補修効果のあるシャンプー・トリートメントを毎日使っても**らうようにお願いしましょう。日常生活では、就寝時に枕の摩擦で髪が切れやすい状態になること、**シルクキャップをかぶって眠ると切れ毛を防げる**ことなども教えてあげましょう。もう一点、アイロンを1回で巻こうとして熱を長時間当てると切れやすくなるので、1回巻いてその熱が残っているうちにすばやくもう一度巻く、それを繰り返す巻き方をおすすめしています。

MISTAKES IN BLEACHING

ブリーチでよくある失敗、こうして解決

ブリーチ施術で起こりがちな失敗について、
Q&Aと同じくMORIYOSHIさんが解決法をアドバイス。

失敗例1

ブリーチのリタッチで
既染部まで薬剤が
ついてしまい、中間部だけ
ハイトーンになってしまった

グラデーションカラーで全体を暗くしたり、ブラウン系を入れてなじませたりするなどの方法が考えられます。ブラウン系の場合、ミルクティ系でほんのりピンクを効かせた色みに持っていけば、トレンド感の強いデザインとして提案できます。ミルクティカラーの流行は継続中で、どんどんバリエーションが広がってきているように思います。また、前ページで紹介したコットンブリーチは、左記の失敗を防ぐために有効な方法です。

細かくハイライトを入れてなじませる方法が考えられますが、「ムラになったら」というよりは、そうならないように備えることが大事。リスクやトラブルを防ぐためには、施術履歴、ダメージなどのあらゆる可能性を想定し、予想しうるネガティブ要素を頭の中でクリアにすることです。ウイッグで実験・検証するのはもちろん、スタッフ同士の髪で練習し合ったり、後輩に教えながら自分も勉強したりするのもいいでしょう。

失敗例2

色が均一に入らず、
ムラになってしまった

\ MESSAGE /

切れ毛や明度の上がり過ぎなどは、営業ではあってはならないこと。解決法はないと思っておいた方がいいでしょう。失敗しないためにも、とにかく練習しましょう。難しいからと、あきらめてはいけません。技術は、美容師として一生追求していくべきこと。ゴールに達することはないのです。(SHACHU)

SHACHU BOOK
トレンドカラーの教科書
特別付録

@ SHACHU 2020 Printed in Japan
禁無断転載

暗髪のモデル　アウター：BALMUNG ¥86,900、トップス：Aries ¥15,000、
パンツ：M.Y.O.B NYC ¥34,000
黄色い髪のモデル　ベスト：OTOE ¥9,000、トップス：M.Y.O.B NYC ¥18,500

メンズモデル／ジャケット：black weirdos ¥64,000、トップス：DISCOVERED ¥26,000
暗髪のモデル／アウター：BALMUNG ¥86,900、トップス：Aries ¥15,000、パンツ：M.Y.O.B NYC ¥34,000
黄色い髪のモデル／ベスト：OTOE ¥9,000、トップス：M.Y.O.B NYC ¥18,500

いざ切り拓く技

みやちのりよし

CONTENTS

PART 1

SHACHU

WORKS

SHACHUヒットカラーデザインの新作と、成人式ヘアの実例集。
まずは最旬のデザインを見て、感じて、レシピを想像してみましょう。

SHACHU
COLOR DESIGN

ハイトーンからウォーム系、クール系、ダーク系、そしてメンズカラーまで。
SHACHUの最新カラーデザインを、幅広いバリエーションでご紹介します。

MERMAID LAGOON

マーメイドラグーン RECIPE → P58

01

HIGH TONE

02

HIGH TONE

HEALTHY BLONDE

ヘルシーブロンド RECIPE → P59

PEARL LAVENDER

パールラベンダー RECIPE → P59

03

WARM

GINGER BEIGE

ジンジャーベージュ RECIPE → P60

04

05

CHAMPAGNE PINK

シャンパンピンク RECIPE → P60

COOL

HIGHLIGHT GREIGE & INNER PURPLE

ハイライトグレージュ＆
インナーパープル RECIPE → P61

06

TURQUOISE GRADATION

ターコイズグラデーション RECIPE → P61

07

MEN'S DESIGN

PEARL GRAY & YELLOW

パールグレー＆イエロー RECIPE → P62

08

09

FADE GREEN
ムラグリーン RECIPE → P62

10

DARK

INNER CORAL PINK
インナーコーラルピンク RECIPE → P63

BABY COLOR BORDEAUX
ベイビーカラー（ボルドー） RECIPE → P63

11

COMING-OF-AGE CEREMONY

SHACHUの成人式ヘアスナップ

成人式でSHACHUに来店されたお客さまのヘアスナップ。
ハイトーンカラー、ビビッドカラーのインパクトに負けない、渋谷仕様のエッジィアレンジです。

和装向け の成人式ヘア

STYLE
1

BRILLIANT

STYLE
2

STYLE
3

VIVID

STYLE
5

STYLE
4

FLUFFY

STYLE
6

STYLE
7

CUTE

STYLE
1

GORGEOUS

STYLE
2

STYLE
3

STYLE
4

GIRLY

STYLE
5

COOL

STYLE
6

GLOSSY

STYLE
7

BOLD

PART 2

SHACHU
TECHNIQUE &

テクニック＆レシピ編では、ベーシックな技術や最新レシピ、新メニューの提案法、
アレンジ講座など、幅広い視点からSHACHUの技術を紹介します。

RECIPE

DESIGN COLOR TECHNIQUE

ウイッグで徹底攻略 5つのデザイン カラーテクニック

モデルウイッグを用いた5スタイルの
デザインカラー実例を、Beforeからの
プロセスを追いながら、詳しく解説していきます。

本企画で使用しているモデルウイッグ
Mi-39 カットウイッグ（プラチナブロンド）、
Mi-39 カットウイッグ（黒髪）［いずれも㈱三矢］

TECHNIQUE 1

DARK GRAY & WHITE BALAYAGE

ダークグレー〜
ホワイトバレイヤージュ

P32-35

TECHNIQUE 2

MAUVE BROWN & INNER COLOR

モーブブラウン＆
インナーカラー

P36-39

TECHNIQUE 1

DARK GRAY
&
WHITE
BALAYAGE

ダークグレー〜
ホワイトバレイヤージュ

1スタイルめでは、バレイヤージュのテクニックを用いて、
ダークグレーからホワイトへ移行する
グラデーションカラーを表現します。

このスタイルで学べること

1. 毛先が暗く沈まないように
   するための薬剤の塗り方

2. セクションごとの
   塗布範囲の設定方法

3. パネルの引き出し方と
   境目のぼかし方

POINT

カラーデザイン設計ポイント

(BEFORE)

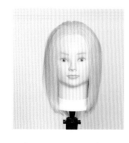 

明度18レベル程度にブリーチされている練習用ウイッグを、前上が
りのミディアムレイヤーにカットし、毛量調整で軽くしている。

(AFTER)

POINT
根元は明度をしっかり
下げ、中間〜毛先との
メリハリをつけてフォル
ムに立体感を出す。

POINT
明るい部分が前上がり
になるように、セクショ
ンごとの塗布範囲を設
定する。

(BEFORE STYLING)　　(AFTER STYLING)

32

薬剤選定ポイント

 フィヨーレ『BLカラー』

[根元]

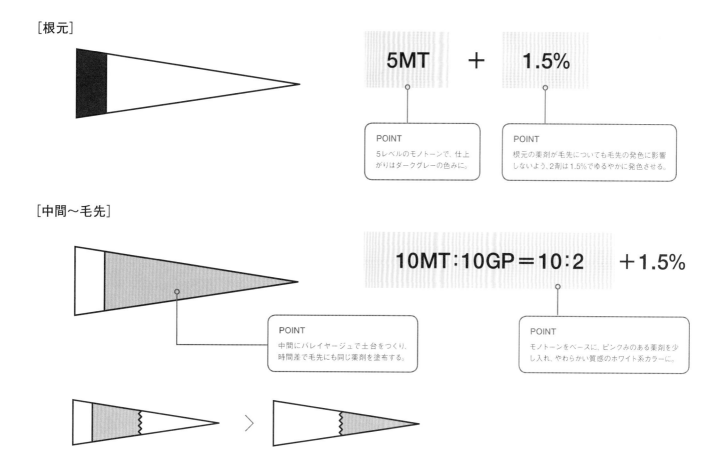

5MT + 1.5%

POINT
5レベルのモノトーンで、仕上がりはダークグレーの色みに。

POINT
根元の薬剤が毛先についても毛先の発色に影響しないよう、2剤は1.5%でゆるやかに発色させる。

[中間〜毛先]

10MT:10GP＝10:2 ＋1.5%

POINT
中間にバレイヤージュで土台をつくり、時間差で毛先にも同じ薬剤を塗布する。

POINT
モノトーンをベースに、ピンクみのある薬剤を少し入れ、やわらかい質感のホワイト系カラーに。

施術の流れダイジェスト

① 根元に濃いグレーを入れる
（アルカリカラー）

\ CHECK /
根元の薬剤が中間〜毛先につかないように工夫しながら全頭に塗布。

② 中間をバレイヤージュ施術
（アルカリカラー）

\ CHECK /
前上がりを意識し、表面に向かって塗布範囲を狭くしていく。

③ 毛先をバレイヤージュ施術
（アルカリカラー）

\ CHECK /
中間と同じ引き出し方とスライス設定で塗布。

TECHNIQUE 1
ヘアカラープロセス

根元の薬剤が中間
〜毛先につくのを
防ぐため。

根元に濃いグレーを入れる（アルカリカラー）

① 全頭をイヤーツーイヤーと正中線（フロントはサイドパート）で4つにブロッキングし、パート際から施術。

② 全頭の根元2センチに薬剤Ⓐを塗布する。ダメージを防ぐため、コーミングはせず、ハケのみで施術する。

③ 続いて左・右バック、左・右サイドの順に施術する。1人で行なう場合は1ブロック塗布するごとに表面にペーパーをかぶせる。

中間をバレイヤージュ施術（アルカリカラー）

④ バックのアンダーから、やや前上がりのスライスで斜めにパネルを引き出し、根元の薬剤に少しオーバーラップさせて根元側1／2に薬剤Ⓑを塗布。

⑤ 毛先（ブリーチ部分）との境目を、ハケでぼかす。

⑥ その上のパネルも、④〜⑤と同様に施術し、根元側1／2の範囲にⒷを塗布。

⑦ ミドルの2枚は、根元側2／5にⒷを塗布。オーバーに向かって塗布範囲を狭くしていく。

⑧ オーバーの表面は、さらに塗布範囲を狭くし、根元側1／5にⒷを塗布。

⑨ 左バックの塗布後は、表面にペーパーをかぶせてから右バックを施術。塗り方と塗布範囲は④〜⑧と同様に。

コームのテール＋
指で分けとる

スライスをとる際は、①コームのテールで髪を分けとった後、②パネルを左手で持ち、③右手の小指で細かい毛を下に落とす。これにより、テールについた根元の薬剤が中間〜毛先につくのを防ぐ。

⑩ バックのアンダーよりやや塗布範囲を狭め、明るい部分の面積を大きく設定。

サイドは生え際から施術。やや前上がりのスライスでフロント側にパネルを引き出し、根元側2／5に薬剤を塗布する。その上のパネルも同様。

⑪ 3枚目のハチ付近は、⑩よりもさらに塗布範囲を狭め、根元側3／10を目安に薬剤を塗布する。

⑫ 表面に近いパネルの生え際を明るくすることで、かき上げた時にきれいに見せる。

ハチ上のパネルは、根元側1／5に薬剤を塗布。ハケの角度を調節し、フロントの生え際はほかよりも根元側までオーバーラップさせる。

毛先をバレイヤージュ施術（アルカリカラー）

⑬ 表面のパネルも、根元側1／5に薬剤を塗布。ここでは⑫のように根元側へ極端にオーバーラップさせず、自然な仕上がりに。

⑭ 中間に塗布後、同じ薬剤を毛先まで塗布していく。まず、中間と同じスライスで同じ方向に引き出し、中間側にややオーバーラップさせて塗布する。

⑮ 境目をハケでなじませ、毛先まで薬剤をのばす。左・右バック、左・右サイドの順に、全頭の毛先に同様に塗布する。

表面のパネルの中間塗布後の状態。

衿足に薬剤がつかないように注意してパネルを持ち、中間と同じ角度で塗布すること。

HAIR COLOR & STYLING RECIPE

使用製品	Ⓐ根元／フィヨーレ『BLカラー』5MT＋1.5%　Ⓑ中間〜毛先／フィヨーレ『BLカラー』10MT：10GP＝10：2＋1.5%
ヘアカラー工程	❶全頭の根元にⒶを塗布して3分放置。　❷全頭の中間にⒷを塗布後、続けて毛先にもⒷを塗布し、7分放置後に水洗。
スタイリング工程	❶32ミリのカールアイロンで毛先を外ハネ、表面のレイヤー部分は内巻きにスタイリング後、オイルを中間〜毛先に塗布。その後、残ったオイルを根元にも塗布する。

(BEFORE STYLING)

(AFTER STYLING)

TECHNIQUE 2

MAUVE
BROWN
&
INNER COLOR

モーブブラウン＆
インナーカラー

人気のモーブ系をベースに、前髪と顔まわりの内側を、
黒の塩基性カラーによるローライトで締めるデザインです。

このスタイルで学べること

1 前髪インナーカラーを可愛く
見せるブロッキング方法

2 塩基性カラーで黒染めする
場合の塗り方のコツ

3 ズレにくいホイルの
たたみ方

POINT

カラーデザイン設計ポイント

(BEFORE)

明度18レベル程度にブリーチ済みの練習用ウイッグを、ミディアム
レイヤーにカット。バングは目に少しかかる程度の長さでややラウン
ド状にカットし、さらにスライドカットで量感を調整。

POINT
前髪と顔まわりの内側に
黒のローライトを入れ、メ
リハリのあるデザインに。

(AFTER)

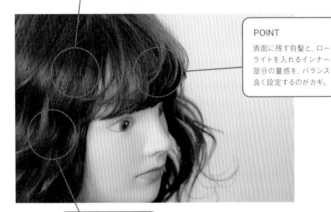

POINT
表面に残す前髪と、ロー
ライトを入れるインナー
部分の量感を、バランス
良く設定するのがカギ。

POINT
黒のローライトが硬い印
象にならないよう、ベー
スカラーは黄みをおさえ
たモーブブラウンに。

(BEFORE STYLING)   (AFTER STYLING)

POINT

 塩基性カラー デミ コスメティクス『トレニージョ カラーヘアパテ』グレー

［ローライト（前髪・顔まわり）］

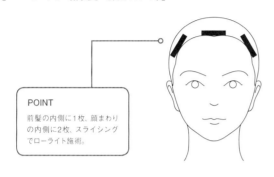

POINT
前髪の内側に1枚、顔まわりの内側に2枚、スライシングでローライト施術。

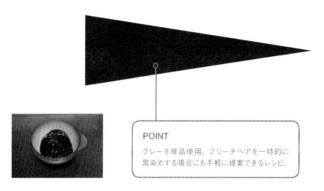

POINT
グレーを単品使用。ブリーチヘアを一時的に黒染めする場合にも手軽に提案できるレシピ。

 アルカリカラー ルベル『マテリア』

［ベースカラー］

（B-8：MT-10＝1：1）にMa-10を10%、WB-5を5%、P-6を5% ＋3%

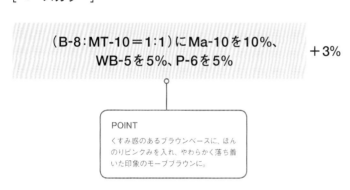

POINT
くすみ感のあるブラウンベースに、ほんのりピンクみを入れ、やわらかく落ち着いた印象のモーブブラウンに。

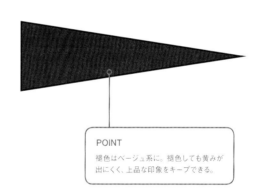

POINT
褪色はベージュ系に。褪色しても黄みが出にくく、上品な印象をキープできる。

施術の流れダイジェスト

①

インナーカラーを入れる
（塩基性カラー）

\ CHECK /
黒い薬剤がほかの部位につかないようホイルでしっかりガードし、適量をムラなく塗布。

②

ベースカラーを塗布
（アルカリカラー）

\ CHECK /
ローライト以外の全頭に、根元→中間～毛先の順に塗布。ホイルがずれたり落ちたりしないように注意。

TECHNIQUE 2
ヘアカラープロセス

\ NG /

表面側が厚過ぎ
たり逆に薄過ぎた
りすると、やぼった
く見えるので注意。

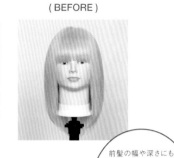

前髪の幅や深さにも
よるが、平均的なフ
ルバングの場合、イ
ンナー部分のブロッ
キング設定時に有効
な方法の一つ。

インナーカラーを入れる（塩基性カラー）

① 前髪のブロッキング位置を決める。まずは頭頂部にテールコームの背を当て、写真のように水平に置く。

② そのままフロント側にコームを傾け、頭皮に当たった部分を指で差す。ここを分け目の目安とする。

③ 指で差したまま、コームをテールに持ち替え、表面側の髪を分けとる。

④ ③で分けとった表面の髪を広げ、インナーカラーにかぶせた時の量感とイメージを確認した後、表面の髪をバック側へシングルピンで仮留め。

⑤ 前髪の内側に1枚、塩基性カラーでローライト施術。まずは根元をあけ、毛先までハケで薬剤Ⓐを均一に塗布。

⑥ その後、コーミングし、薬剤をしっかり行き渡らせる。

⑦ ハケの角度を斜めにし、根元側へ詰めるようにして薬剤を塗布。頭皮に薬剤がつかないよう、生え際は残す。

⑧ 次の施術でズレたりじゃまにならようにするため、ホイルはなるべくコンパクトに折りたたむ（たたみ方は下の通り）。

⑨ 前髪のブロッキング位置と耳の上の付け根を結ぶラインで、顔まわり内側の髪を分けとる。

ズレにくいホイルのたたみ方

①ホイルを二つ折りにした後、ホイルの左側にテールコームをあて、左端2センチ程度を折りたたむ。②右側も①と同様の手順で、右端2センチ程度を折りたたむ。③ホイルの中間にコームのテールをあて、軽く半分に折る。④三角ベースの形に合わせて、生え際側を深めに折りたたみ、台形状にする。

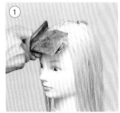

①

②

③

④

ローライトの塗布量は多めに設定。ミディアムレングスの顔まわり1枚で、写真の量を目安に。

ローライト3枚塗布後の状態。パネルの幅や形に合わせてホイルをコンパクトに折りたたむことで、次のベースカラー施術がしやすくなる。

⑩ ⑨で分けとった顔まわりの内側にローライト施術。前髪の塗布時と同様に、まずは根元を広めにあけて塗布してから、根元側にも塗布する。

⑪ ハケで塗布後、コーミングして髪全体に薬剤を浸透させる。

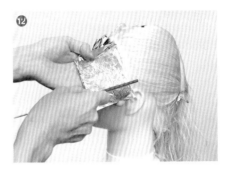

⑫ 顔まわりの塗布後、ホイルを折りたたむ。手順は前髪とほぼ同じだが、最初に四つ折りにして前髪と同程度の大きさにする。

ベースカラーを塗布（アルカリカラー）

⑬ ベースカラーは、顔まわりの根元から施術。ローライトの薬剤につかないように注意しながら薬剤を塗布。

⑭ ①～④でブロッキングした前髪表面の仮留めをはずし、ここにもベースカラーの薬剤を塗布。

⑮ 全頭の根元に塗布後、続けて中間～毛先にも同じ薬剤を塗布。根元側へやや オーバーラップさせて塗布する。

全頭にベースカラーを入れ、流してからローライトを入れる方法だと、時間がかかる上にローライトがくすみやすく、デザインのメリハリがつきにくいので△。

(BEFORE STYLING)

(AFTER STYLING)

HAIR COLOR & STYLING RECIPE

使用製品	Ⓐデミ コスメティクス『トレニージョ カラーヘアパテ』グレー　Ⓑルベル『マテリア』(B-8：MT-10＝1：1)にMa-10を10%、WB-5を5%、P-6を5%＋3%
ヘアカラー工程	❶前髪と顔まわりの内側に、スライシングでⒶを塗布。❷全頭の根元にⒷを塗布後、続けて中間～毛先にもⒷを塗布し、10～20分放置後に水洗。
スタイリング工程	❶26ミリのカールアイロンで全頭の中間～毛先を波巻き＋巻きつけ後、オイルを中間～毛先に塗布し、ツヤ感のある仕上がりに。

TECHNIQUE 3

HEM
&
GRADATION
COLOR

ホワイト系の
すそグラデーションカラー

すそカラーの境目付近をグラデーション状になじませた
デザイン。根元はダークグレー、毛先はホワイトという、
定番人気の色合わせです。

このスタイルで学べること

- **1** すそのラインのそろえ方
- **2** 毛先のホワイトが
  暗くならないためのコツ
- **3** すその境目をきれいに
  なじませる方法

POINT

カラーデザイン設計ポイント

(BEFORE)

明度18レベル程度にブリーチ済みの練習用ウイッグを、やや前上が
りのミディアムレングスにカット。軽く毛量調整しているが、毛先に
はセニングを入れず、重さを残している。

(AFTER)

POINT
根元〜中間はダークグ
レーで締め、毛先のホワ
イトとのメリハリをつける。

POINT
毛先1／6程度をホワイト系のすそカ
ラーデザインにするが、ラインをつけ
過ぎず、ぼかし過ぎないようなじませ
て、境目付近をグラデーション状に。

(BEFORE STYLING)　　(AFTER STYLING)

40

薬剤選定ポイント

 ウエラ プロフェッショナル『コレストン パーフェクト＋』

［根元〜中間］

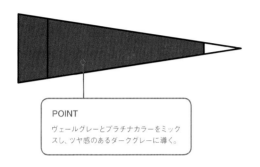

6/91：プラチナ＝1:1　＋3%

POINT
ヴェールグレーとプラチナカラーをミックスし、ツヤ感のあるダークグレーに導く。

POINT
根元と中間〜毛先を時間差で塗布し、中間に向かってやや明るいグレーに移行させる。

［毛先（すそカラー）］

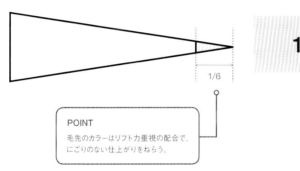

1/6

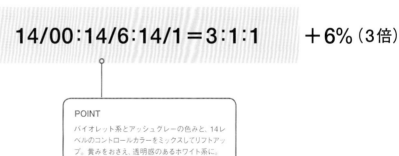

14/00：14/6：14/1＝3:1:1　＋6%（3倍）

POINT
毛先のカラーはリフト力重視の配合で、にごりのない仕上がりをねらう。

POINT
バイオレット系とアッシュグレーの色みと、14レベルのコントロールカラーをミックスしてリフトアップ。黄みをおさえ、透明感のあるホワイト系に。

施術の流れダイジェスト

① 根元に濃いグレーを入れる
（アルカリカラー）

\ CHECK /
薬剤が毛先につかないように注意しつつ、十分な量を塗布。

② 中間にダークグレーを入れる
（アルカリカラー）

\ CHECK /
すその塗布範囲を意識しつつ、各パネルで塗布する高さを揃える。塗布順に注目。

③ 毛先にホワイト系を入れる
（アルカリカラー）

\ CHECK /
明るいホワイトをきれいに入れるため、ハケとコームの使い方を工夫する。

TECHNIQUE 3
ヘアカラープロセス

根元にダークグレーを入れる（アルカリカラー）

全頭をイヤーツーイヤーと正中線で4つにブロッキングし、パート際から施術。多めの量をハケにとり、根元にしっかり薬剤をためるようにして塗布する。

左・右バック、左・右サイドの順に、全頭の根元に薬剤を塗布。根元の薬剤が毛先につかないよう、注意しながら塗り進める。

全頭の根元に薬剤を塗布後、同じ薬剤を中間に塗布する前に、毛先（すそ）の塗布範囲を決める。毛先側1／6程度を目安に設定。

中間にダークグレーを入れる（アルカリカラー）

中間部への塗布は、左バックのアンダーから施術。根元より少なめの量をハケにとり、❸で決めたすそのラインまで薬剤を塗布する。

塗布した薬剤がウイッグの肌につかないよう、内側からペーパーをしく。

2枚目は上のパネルではなく、隣の右アンダーに塗布。❹〜❺のパネルから少し毛束を分けとり、これをガイドに同じ位置まで薬剤を塗布。

3枚目は、左バックのミドルを施術。左アンダーのパネルと平行に引き出し、アンダーの塗布範囲を確認しながら同じ位置まで薬剤を塗布。

サイドは❼と同じ高さで上下に分け、下段から施術。左ミドルの毛束を少しとり、それをガイドに塗布。上段も下段と同じ高さまで塗る。

左バックのオーバーを施術。右バックの薬剤がつかないように表面にペーパーをあて、ミドルと同じ位置まで塗布する。右オーバーも同様に。

塗布後のパネルからガイドをとる方法

①塗布を終えた隣（左バック）のパネルから、幅1センチ程度の毛束をコームのテールで分けとる。　②テールと指を使って、①で分けとった毛束を右バックと合わせる。これをガイドに、右バックに塗布する（上のプロセス❻）。　③ガイドに合わせて同じ高さまで塗布することで、塗布部分の高さがそろい、きれいな仕上がりに。

サイドの塗布時にも、塗布済みのバックから毛束を分けとり、これをガイドに塗布する。

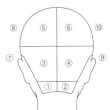

中間と毛先はいずれも①
〜⑩（左図）の順に塗布

中間の薬剤に触れたらその都度タオルでふきとり、毛先につかないように注意しながら施術する。

毛先にホワイト系を入れる（アルカリカラー）

⑩ 毛先も中間と同じ塗布順で、左バックのアンダーから施術。中間側にやや オーバーラップさせ、毛先に向かって薬剤を塗布。塗布量は多めに。

⑪ 毛先に塗布後、ハケを横に動かすことで、境目を少しぼかし、ラインが出過ぎないようにする。

ハケの横使いは、すそカラーのような狭い範囲をなじませるのに有効。

⑫ 中間と毛先の境目付近は、丁寧にもみ込んでさらになじみを良くする。中間と同じ塗布順で、⑩〜⑫と同様に全頭の毛先に薬剤を塗布。

⑬ バックのオーバーの毛束をコーミング。テンションはかけずにコームを通し、毛先で塗布した部分の直前でコームを止める。

⑭ サイドのオーバーも⑬と同様にコーミング。バックをガイドに同じ高さまでコームを通す。

⑮ バックとサイドでコーミングした毛束を合わせて再度コーミングし、バランスを見ながら毛先の薬剤を塗り足して、前後のつなぎ目を整える。

毛先直前までコーミングした状態。ライン感をつけ過ぎず、それでいてすそカラーの存在感を感じさせる仕上がりをねらう。

HAIR COLOR & STYLING RECIPE

使用製品	Ⓐウエラ プロフェッショナル『コレストン パーフェクト+』6/91：プラチナ＝1：1＋3% Ⓑウエラ プロフェッショナル『コレストン パーフェクト+』14/00：14/6：14/1＝3：1：1＋6%（3倍）
ヘアカラー工程	❶根元にⒶを塗布後、続けて、毛先をはずして中間にもⒶを塗布。❷全頭の毛先にⒷを塗布し、15分放置後に水洗。
スタイリング工程	❶26ミリのカールアイロンで、中間〜毛先には大きめのウエーブをつける。さらに細かく毛束をとって巻きつけ、フロントの根元を立ち上げた後、オイルとワックスで仕上げる。

(BEFORE STYLING)

(AFTER STYLING)

COLUMN

注目カラーのテクニックポイント

本企画でとりあげているデザインカラーを含む、
SHACHUの注目カラーのテクニックポイントを解説します。

1 BALAYAGE
バレイヤージュ

一般的には、根元が暗く、毛先に向かって明るくなるグラ
デーションカラーの一環で、中間〜毛先のぼかし方をさま
ざまに表現できるバレイヤージュ。SHACHUでは、セクショ
ンごとの塗布範囲に高低差をつけ、スライスの引き出し方
や塗布部分の角度を工夫することで、明るい部分が前上
がりになるように計算して施術している。

→ TECHNIQUE 1

2 HEM COLOR
すそカラー

すそのポイントカラーとベースカラーとの組み
合わせや、すそ部分のライン感が洗練度を高め
るカギ。ブリーチヘアには、すそ部分にビビッド
な色みを入れると、コントラストの効いたエッジィ
な仕上がりに。一方で、TECHNIQUE3のように、
ダークカラー×ホワイトでラインをつけ過ぎな
いデザインは、より幅広い客層に提案可能。

→ TECHNIQUE 3

3 INNER COLOR
インナーカラー

会社員や派手なヘアカラーがNGのお客さまにも提案可能なインナーカラーは、人気継続中の注目カラー。前髪や顔まわりの内側、バックのヘムラインなど、入れる場所によりさまざまな表情を演出できる。前髪インナーの場合は、TECHNIQUE2で解説したように、内側と表面にかぶせる髪とのバランス設定が、可愛く仕上げるカギとなる。

→ TECHNIQUE 5 ・ TECHNIQUE 2

4 HIGH-LIGHT COLOR
ハイライトカラー

ウイービングで施術することが多いハイライトは、ベースカラーとのコントラストをつけることと、筋感の表現がポイントとなる。ブリーチでしっかり明度を上げてつくったハイライト部分が、オンカラーで沈まないような薬剤設定が必要。また、規則的な筋感は古く見えがちなので、自然な筋感を表現することで洗練度を高めよう。

→ TECHNIQUE 4

5

ROOT COLOR
根元カラー

→ TECHNIQUE 5

エッジィ層の間でじわじわと人気が高まっている根元カラー。根元に強めのポイントカラーを入れてインパクトを演出する。前髪や顔まわりの生え際やうぶ毛部分など、塗布範囲はピンポイントでも、ビビッドな1色で存在感を出したり、2〜3色のマルチカラーで遊びを効かせたりするなど、さまざまな表現が可能。

TECHNIQUE 4

HIGH-LIGHT COLOR

連続ブリーチでつくる
ハイライトカラー

黒髪の練習用ウイッグに対し、ホワイトグレー系の
ハイライトを入れるテクニック。ウイービングの
工夫により、ランダムな筋感を表現します。

このスタイルで学べること

1. 黒髪からハイライトカラーへの
   提案アプローチ

2. 位置をずらす
   ウイービング方法

3. 2回のブリーチを水洗なし
   で施術する方法

カラーデザイン設計ポイント

(BEFORE)

黒髪の練習用ウイッグを、ミディアムレングスにカット。アウトラインはほぼ水平で、レイヤーは入れていない。内側のみ毛量調整し、毛先を少し軽くしてある状態。

(AFTER)

POINT
黒とグレーのコントラストでつくるハイライトデザインは、ブリーチ初心者にもおすすめしやすいカラー。

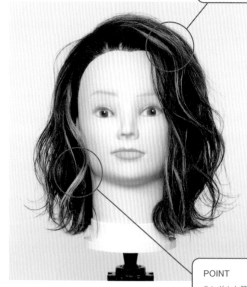

POINT
ランダムな筋感により、自然なツヤ感とやわらかい質感を表現。

(AFTER STYLING)

POINT

薬剤選定ポイント

 ブリーチ フィヨーレ『BL パウダーブリーチ』＋6％（2倍）

［ウイービング］

> **POINT**
> 黒髪からの施術なので、ブリーチが2回必要と想定。

アルカリ カラー ルベル『マテリア』

［根元］

$$MT\text{-}6 : Ca\text{-}6 : Pe\text{-}8 = 2 : 2 : 1 \quad +6\%$$

> **POINT**
> メタリック系のモノトーンとコバルトアッシュに、パール系の色みをプラスし、ツヤ感のあるグレーに。

［中間〜毛先］

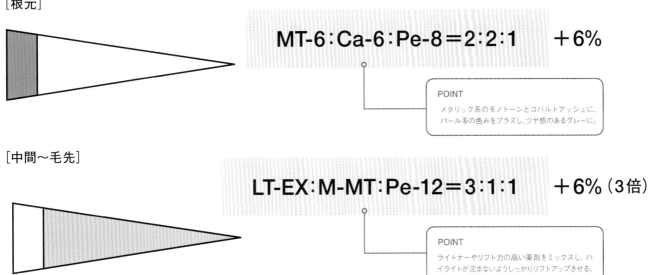

$$LT\text{-}EX : M\text{-}MT : Pe\text{-}12 = 3 : 1 : 1 \quad +6\%（3倍）$$

> **POINT**
> ライトナーやリフト力の高い薬剤をミックスし、ハイライトが沈まないようしっかりリフトアップさせる。

― 施術の流れダイジェスト ―

①

ハイライトを入れる
（ブリーチ）

> ＼ CHECK ／
> 下のチップと重ならないウイービングと、2回のブリーチを水洗なしで連続施術するテクニックに注目。

②

根元→中間〜毛先に
オンカラー施術
（アルカリカラー）

> ＼ CHECK ／
> 根元から毛先に向かって明るくなる自然なグラデーションをつくる。

TECHNIQUE 4
ヘアカラープロセス

(BEFORE)

ハイライトを入れる（ブリーチ）

サイドのアンダーから施術。厚さ2センチ程度のスライスをとり、幅・間隔・深さともに1センチのウイービングで中間〜毛先に薬剤 Ⓐ を塗布。

その上の2枚目は、スライス間を3センチあけて下とチップが重ならないよう、❶と同様のウイービングで施術。

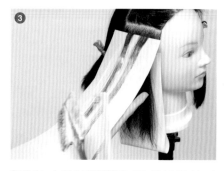

❷で分けとったパネルに薬剤を塗布。下のパネルと重ならないようにチップをとる。

以降も全てチップをずらしながら施術。表面に向かってチップ幅を細かくしていき、3枚目は幅・間隔・深さともに8ミリに。

4枚目の表面はさらに細かいチップで施術。幅・間隔・深さともに5ミリのウイービングで薬剤を塗布する。

左サイドも❶〜❺と同様に施術。ヘビーサイドとなる左サイドの表面は、スライスの厚さがやや薄めになるように意識する。

左バックは耳下に2枚、いずれも幅・間隔・深さともに1センチのウイービングで薬剤を塗布する。

左バックの耳上は3段に分け、いずれも幅・間隔・深さともに1センチのウイービングで薬剤を塗布する。

右バックの耳下2枚と耳上の2枚目までを左バックと同様に施述後、表面のパネルはパートをまたいでスライスをとる。

チップをずらして自然な筋感に

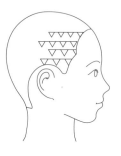 

下のパネルとチップが重ならないようにすることで、筋感が強調され過ぎず、やわらかい質感を表現。コントラストがありながらも、優しく女性らしい印象の仕上がりをねらう。

48

濡れタオルでブリーチ剤をふく方法

①濡らしたタオルを四つ折にする。
②ハイライトを入れたペーパーの上にタオルをしく。③ペーパーを毛先側にずらしてはずす。④タオルをさらに二つに折って毛束を包み、毛束の両面をやさしくふきとる。⑤ふき終わった毛束の下に新しいペーパーをしき、タオルをはずす。

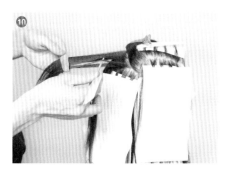  

❾で分けとった毛束をさらに上下に分け、下段から施術。幅・間隔・深さともに5ミリのウイービングで薬剤を塗布する。

上段は、下段とチップが重ならないようにし、幅・間隔・深さともに5ミリのウイービングで薬剤を塗布する。

ハイライトの塗布終了後は水洗せず、塗布した毛束のみを濡れタオルでふいて再度同じ毛束に薬剤を塗布。タオルでふく方法は上の通り。

根元→中間～毛先にオンカラー施術（アルカリカラー）

水洗後のオンカラー施術では、まず全頭の根元5～6センチに薬剤を塗布する。

中間～毛先には別の薬剤を塗布。根元側にやややオーバーラップさせる。

ハケで塗布後にコーミング。しっかり髪に薬剤を浸透させる。

ハイライト部分が暗く沈まないよう、中間～毛先にはたっぷり薬剤を塗布する。

中間部に指を通してしごくようにし、さらによくもみ込んでなじませることで、中間部がにごらず、毛先に向かって自然に明るいグラデーションに。

（ AFTER STYLING ）

HAIR COLOR & STYLING RECIPE

使用製品	Ⓐフィヨーレ『BL パウダーブリーチ』＋6％（2倍） Ⓑルベル『マテリア』MT-6：Ca-6：Pe-8＝2：2：1＋6％ Ⓒルベル『マテリア』LT-EX：M-MT：Pe-12＝3：1：1＋6％（3倍）
ヘアカラー工程	❶全頭にウイービングでⒶを塗布後、15分放置。❷濡れタオルで薬剤をふきとった後、Ⓐを再塗布。❸15分放置、水洗後、全頭の根元にⒷ、中間～毛先にⒸを塗布し、10分放置後に水洗。
スタイリング工程	❶26ミリのカールアイロンで、全頭の中間～毛先をリバースとフォワードのミックス巻き。その後、ワックスとオイルを全頭に塗布し、顔まわりにきれいな毛流れがつくようスタイリング。

TECHNIQUE 5

PALE / ROOT & SECRET COLOR

ペール系根元&
シークレットカラー

根元のデザインカラーに、3〜4層のシークレットカラーを組み合わせたスタイル。インパクトはありつつも、提案しやすいインナーカラーです。

このスタイルで学べること

1 ペール系に導くための
下地づくり

2 ダメージを最小限にする
薬剤選定法

3 3〜4層の
インナーカラーの入れ方

POINT

カラーデザイン設計ポイント

(BEFORE)

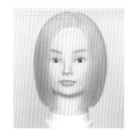

明度18レベル程度にブリーチされている練習用ウイッグを、やや前下がりのワンレングスにカットした状態。

POINT
ハチ下（インナー）に2色の塩基性カラーを入れ、アルカリカラーの色みも生かして3〜4層のシークレットカラーを表現。

(AFTER)

POINT
中間〜毛先には淡いパープル、根元には濃いパープルの色みを入れ、黄みをおさえる。

(BEFORE STYLING)   (AFTER STYLING)

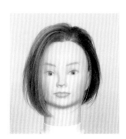

POINT

薬剤選定ポイント

 アルカリ カラー アリミノ『アジアンカラー フェス』

［中間〜毛先］

［根元］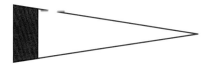

クリア アッシュ ： クリア ピンク ： クリア ＝2：1：3＋2.8%

POINT
ペール系に導く設定で彩度を調整し、透明感のある仕上がりをねらう。

6バイオレット：10ピンク＝3：1 ＋2.8%

POINT
鮮やかに発色する色みを配合。リフト力に頼る必要がないため、ダメージを軽減。

 塩基性 カラー KAMILLE『ANAPカラートリートメント』

［インナー（ピンク）］

$$\left(\begin{array}{c}\text{ラベンダー}\\ \text{アッシュ}\\ 10\end{array} : \begin{array}{c}\text{キャンディ}\\ \text{ピンク}\\ 3\end{array}\right) : クリア ＝1：1$$

POINT
アルカリカラーで黄みをおさえたところに、等倍のクリアで薄めたピンクとブルーを塗り分け、繊細なインナーカラーに。

［インナー（ブルー）］

$$\left(\begin{array}{c}\text{ラベンダー}\\ \text{アッシュ}\\ 10\end{array} : \begin{array}{c}\text{ナイト}\\ \text{ブルー}\\ 2\end{array}\right) : クリア ＝1：1$$

施術の流れダイジェスト

① 中間〜毛先に
淡いパープルを
入れる
（アルカリカラー）

＼CHECK／
根元に薬剤がつかないように注意しつつ、ムラなくきれいに塗る。

② 根元に
濃いパープルを
入れる
（アルカリカラー）

＼CHECK／
十分な量を丁寧に塗布し、黄みが残らないようにする。

③ スライシングで
インナーカラーを
入れる
（アルカリカラー）

＼CHECK／
パネルごとの配色設計を工夫する。

TECHNIQUE 5
ヘアカラープロセス

中間〜毛先に淡いパープルを入れる（アルカリカラー）

全頭をイヤーツーイヤーと正中線で4つにブロッキングして施術。厚さ3センチ程度のパネルをとり、中間〜毛先にハケで薬剤を塗布する。

薬剤を塗布したパネルにコームを通し、しっかりと行き渡らせる。

指ですり込むようにして、薬剤をよくなじませる。

根元に濃いパープルを入れる（アルカリカラー）

オーバーに向かって、同様に塗り進める。部位による塗布量の差はつけず、均一になるようにする。全体に塗布量は多めに設定。

顔まわりは、特にムラにならないよう注意。パネルを指で挟み、しごくようにして丁寧に塗布する。

根元に別の薬剤を塗布していく。中間〜毛先よりも塗布量を多くし、中間側に少しオーバーラップさせる。

パートの境目にも薬剤を塗布。根元に黄みが残らないよう、丁寧に塗布する。

ネープに塗布する際は、上のパネルを持ち上げて塗りやすくし、上からおさえるようにハケを動かす。

顔まわりの生え際は、根元ギリギリのところにハケで薬剤を塗布後、コームを通す。

根元は薄めスライスで

根元にはしっかり薬剤を塗布できるよう、中間〜毛先よりもスライスを薄くする。厚さ1センチ程度を目安に。

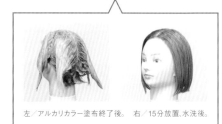

左／アルカリカラー塗布終了後。　右／15分放置、水洗後。

2種類の塩基性カラー剤を使用

インナーカラーを入れる（塩基性カラー）

⑩

額の角の高さで上下にブロッキング。上段（表面）をダッカールで留め、下段（内側）の中間～毛先に塩基性カラーを施術していく。

⑪

塩基性カラーの詳しい塗り方と手順は、次ページへ。

厚さ1センチ程度のスライシングで、ピンクを中間寄り、ブルーを毛先寄りに、ボーダー状に入れる。

⑫

バックのミドルは、薄いパープル（アルカリカラー）、ピンク、ブルーの3層に塗り分ける。

⑬

表面に最も近い最上段のパネルは、濃いパープル・ピンク・ブルー・薄いパープルの4層に塗り分ける。サイドも⑫～⑬と同様の配色で施術。

⑭

塗布後、3分放置してからペーパーをはずし、コーミング。粗歯のコームを使い、テンションをかけずに行なう。

⑮

オーバーセクションの髪をおろし、⑭で使ったコームを通してなじませる。

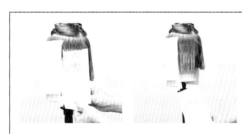

ペーパーのはずし方

ブロッキングラインと平行をキープし、毛先側へゆっくりすべらせるようにしてペーパーをはずす。この時点で、毛先側へ薬剤が移動し、境目は2色が少しブレンドされた状態に。

HAIR COLOR & STYLING RECIPE

使用製品	Ⓐ中間～毛先／アリミノ『アジアンカラー フェス』クリアアッシュ：クリアピンク：クリア＝2：1：3＋2.8% Ⓑ根元／アリミノ『アジアンカラー フェス』6バイオレット：10ピンク＝3：1＋2.8% Ⓒインナー（ピンク）／KAMILLE『ANAPカラートリートメント』（ラベンダーアッシュ：キャンディーピンク＝10：3）：クリア＝1：1 Ⓓインナー（ブルー）／KAMILLE『ANAPカラートリートメント』（ラベンダーアッシュ：ナイトブルー＝10：2）：クリア＝1：1
ヘアカラー工程	❶中間～毛先にⒶを塗布後、根元にⒷを塗布し、15分放置後に水洗。❷中間～毛先にⒸとⒹを塗布し、3分放置後、コーミングして水洗。
スタイリング工程	❶全頭をストレートにブロー後、オイルを多めに塗布し、ウエットに仕上げる。左サイドはかき上げるようにスタイリングし、インナーカラーを目立たせる。

(BEFORE STYLING)

(AFTER STYLING)

もっと詳しく！
塩基性カラーの塗り方プロセス

前ページで紹介したスタイルの塩基性カラーの塗り方に焦点を当て、
詳しい手順を解説します。

❶

左バックのアンダーから施術。ネープの生え際は残し、厚さ1センチ程度のスライシングで中間（やや毛先寄り）〜毛先にピンクの薬剤を塗布。

❷

2枚目はスライス間を1センチ程度あけ、❶と同様のスライシングで中間からハケを入れ、4センチ程度毛先側までピンクの薬剤を塗布。

❸

コームに持ち替え、❷と同じ範囲を塗布。薬剤を髪によくなじませる。

❹

中間部分4センチ程度にピンクを塗布。この後、毛先側にブルーの色みを入れていく。

❺

ブルーの薬剤をハケにとり、まずはピンクとの境目と重ならない位置から毛先まで塗布する。

❻

毛先まで塗った後、境目にもハケで薬剤を塗布する。

❼

その後、コームに持ち替え、境目をトントンとたたくようにして、厚みやディテールを整える。

❽

最上段のパネルは、毛先を少し逃して中間からピンク、ブルーの順に塗布。濃いパープル、ピンク、ブルー、淡いパープルの4層構造に。右バックも❶〜❽と同様に施術。

❾

サイドもアンダーの生え際は残し、厚さ1センチのスライシングで中間からピンク、ブルーの順に塗布。塗り方はこれまでと同様。

❿

サイドも最上段は❽と同様に、毛先を外して4層に塗り分ける。

⓫

塩基性カラーの塗布終了。3分放置後にペーパーをはずしてコーミング（前ページ参照）。ライン状に塗り分けたカラーがほどよくなじみ、自然な仕上がりに。

\ MESSAGE /

4層のシークレットカラー、ぜひ実践してみてください。常にデザインを研究し、何かひらめいたらウイッグで試してみる、そんな毎日を積み重ねれば、カラーデザインの可能性は無限に広がり、どんどん楽しくなります。

（MORIYOSHI）

まとめ

知りたい技術から調べる逆引き辞典

これまで学んできた5スタイルには、さまざまな技術やポイントが詰まっています。
最後にそれらを掲載ページとともに一覧化。復習に役立てましょう。

技術リスト（50音順）

DESIGN
EXTENSIONS

新メニュー

デザインエクステ提案術

新メニュー「デザインエクステ」で、デザインは進化し、提案の幅はぐんと広がる
—— SHACHU自らが開発にも関わったシールエクステの活用法を紹介します。

HAIR：MIYACHI（Style01）、MORIYOSHI（Style02・03）/ PHOTOGRAPHY：REMI HASEGAWA[S-14] /
MAKE-UP：ANNA[S-14] / STYLIST：RIEKO SANUI

シールエクステンションとは

短時間で簡単に装着できる、シール式のエクステンション。持ちは1〜2ヵ月程度で、はずす際には専用のリムーバーを使う。100%人毛で、全22色。オンカラー※1やパーマ施術も可能※2。

オンカラーOKで
バリエーションは無限大

※1 ブリーチやトーンアップは推奨していない
※2 ここでの内容はすべて「seal extension」（SECOND）に関するもの

使用アイテム

シールエクステ

山型2山で1本分。半分に切り離して使う。シール面は幅1センチ程度。

1本 1本

シールエクステの使い方

STEP 1

とりつける

頭の丸みに合わせて前上がりにセクションをとり、シールと同じ幅に地毛を分けとってシールを貼る。この時、しっかりと指で押さえる。

STEP 2

カットする

ねらう長さより若干長めにカットした後、デザインに応じて毛先の質感を調整する。

STEP 3

スタイリングする

地毛と同様にアイロンやブローが可能だが、シール部分には直接熱を当てないように注意。オイルやワックスなどで仕上げる。

STYLE **1**

PAINT COLOR
ペイントカラー

使用色

 PINK

 LAVENDER

 BLEACH18＋オンカラー
（カラートリートメント）

STYLE **2**

使用色

 BLACK01
（カラートリートメント）

INNER BANGS
インナーバングス

STYLE **3**

SIDEBURN COLOR
サイドバーンカラー

使用色

 PINK＋オンカラー

MERMAID LAGOON

マーメイドラグーン

（ AFTER ）

FRONT

BACK

LEFT

RIGHT

SHACHU
COLOR
& STYLING
RECIPE

前半に掲載したカラーデザイン集
11スタイルのレシピを、
BEFORE画像と合わせてご紹介。
黒髪の状態から施術する場合に必要なブリーチ回数も、
ぜひ参考にしてみてください。

MENU		塩基性カラー	アルカリカラー

黒髪からのブリーチ回数	3回以上
提案におすすめの季節 シチュエーション	春・冬／成人式・卒業式

HAIR COLOR RECIPE

使用製品	Ⓐ根元／KAMILLE『ANAPカラートリートメント』バブルガムパープル：クリア＝1：10　Ⓑ中間／KAMILLE『ANAPカラートリートメント』ナイトブルー：クリア＝1：10　Ⓒ毛先／KAMILLE『ANAPカラートリートメント』エメラルドターコイズ：クリア＝1：15
工程	❶全頭の根元にⒶ、中間にⒷ、毛先にⒸを塗布。　❷5分放置後に水洗。

STYLING PROCESS

❶26ミリのカールアイロンで全頭の中間〜毛先を巻き、ウエーブをつける。　❷ワックスを全頭に塗布し、やわらかい質感に仕上げる。

HEALTHY BLONDE
ヘルシーブロンド

（ AFTER ）

FRONT　　　　　　　　BACK

LEFT　　　　　　　　RIGHT

MENU ⬤ブリーチ ⬤アルカリカラー

黒髪からのブリーチ回数	3回以上
提案におすすめの季節シチュエーション	オールシーズン／新学年

HAIR COLOR RECIPE

使用製品	Ⓐブリーチ／ルベル『エドル ブリーチ』パウダーブリーチLB＋6％　Ⓑ全頭／アリミノ『アジアンカラー フェス』クリアに対し12ナチュラルを5％＋2.8％　Ⓒ根元／アリミノ『アジアンカラー フェス』クリアに12ナチュラルを30％、クリアピンクを3％、クリアアッシュを3％＋2.8％
工程	❶全頭の根元にⒶを塗布し、20〜30分後に水洗。　❷全頭にⒷを塗布後、根元にⒸを塗布し、10〜15分放置後に水洗。

STYLING PROCESS

❶ソッフルアイロンを全頭に通した後、12ミリのカール・アイロンで要所を巻く。　❷全頭にオイルを塗布し、スプレーで仕上げる。

PEARL LAVENDER
パールラベンダー

（ AFTER ）

FRONT　　　　　　　　BACK

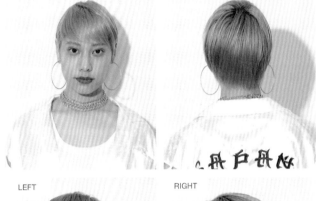

LEFT　　　　　　　　RIGHT

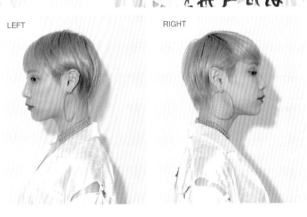

MENU ⬤ブリーチ ⬤アルカリカラー

黒髪からのブリーチ回数	3回以上
提案におすすめの季節シチュエーション	オールシーズン

HAIR COLOR RECIPE

使用製品	Ⓐブリーチ／シュワルツコフ プロフェッショナル『ファイバープレックス』パウダーブリーチ＋6％（2倍）　※前処理／シュワルツコフ プロフェッショナル『ファイバープレックス』No.1 ボンド ブースター　Ⓑ全頭／ウエラ プロフェッショナル『コレストン パーフェクト＋』（14/1：12/96＝1：1）に6/96を10％＋3％
工程	❶全頭をⒶでブリーチ（30分放置）×3回。18レベル程度まで明度を上げる。　❷水洗後、全頭にⒷを塗布し、10分放置後に水洗。

STYLING PROCESS

ドライ後、毛先中心にオイルを塗布してなじませる。

GINGER BEIGE
ジンジャーベージュ

（ AFTER ）

FRONT

BACK

LEFT

RIGHT

MENU

黒髪からのブリーチ回数	1回
提案におすすめの季節 シチュエーション	オールシーズン／カジュアルな ファッションやボーイッシュな服に◎

HAIR COLOR RECIPE

使用製品	Ⓐ全頭／ホーユー『プロマスター アプリエ』LT＋6％　Ⓑ全頭／ウエラ プロフェッショナル『コレストン パーフェクト＋』6/4＋3％
工程	❶全頭にⒶを塗布し、明度を上げる。その際、根元は薄塗りし、毛先に向かってグラデーション状に明るくする。　❷15分放置し水洗。　❸全頭にⒷを塗布し、20分放置して水洗。

STYLING PROCESS

❶12ミリのカールアイロンで、全頭をリバース、フォワードを交互にミックス巻き。細かいウエーブをつける。　❷オイルとワックスを、ワックスがやや多めになるように手にとり、全体にもみ込む。

CHAMPAGNE PINK
シャンパンピンク

（ AFTER ）

FRONT

BACK

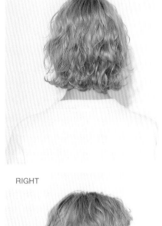

LEFT

RIGHT

MENU

黒髪からのブリーチ回数	3～4回
提案におすすめの季節 シチュエーション	オールシーズン／ ライブやフェスなどのイベント系

HAIR COLOR RECIPE

使用製品	Ⓐベース（根元）／ウエラ プロフェッショナル『コレストン パーフェクト＋』（12/91：14/00＝1：1）に12/96を10％＋AC2％　Ⓑベース（中間～毛先）／ウエラ プロフェッショナル『コレストン パーフェクト＋』（14/00：12/91＝3：1）に14/1が10％＋3％　Ⓒトリートメント／KAMILLE『ANAPカラートリートメント』キャンディーピンク：クリア＝1：10　Ⓓトリートメント／KAMILLE『ANAPカラートリートメント』マゼンタピンク：クリア＝1：10　Ⓔトリートメント／KAMILLE『ANAPカラートリートメント』マゼンタピンク：キャンディーピンク：クリア＝1：1：50
工程	❶根元にⒶを、中間～毛先にⒷを塗布し、5～10分放置後に水洗。　❷全頭に、幅・間隔・深さともに2ミリのウイービングでⒸとⒹを交互に塗布。　❸5分放置後、ペーパーを全てはずし、全頭にⒺを塗布。　❹5分放置後に水洗。

STYLING PROCESS

❶26ミリのカールアイロンで全頭にゆるくウエーブをつけた後、表面を19ミリで巻く。顔まわりの毛先は内巻き、ほかは外ハネにクセづける。　❷オイルを全頭に塗布し、ツヤ感を出す。

HIGHLIGHT GREIGE & INNER PURPLE
ハイライトグレージュ＆インナーパープル

（ BEFORE ）

（ AFTER ）

FRONT

BACK

LEFT

RIGHT

TURQUOISE GRADATION
ターコイズ グラデーション

（ BEFORE ）

（ AFTER ）

FRONT

BACK

LEFT

RIGHT

HIGHLIGHT GREIGE & INNER PURPLE

MENU　ブリーチ　塩基性カラー　アルカリカラー

黒髪からのブリーチ回数	1回（抜け具合にもよる）
提案におすすめの季節 シチュエーション	オールシーズン／新学年、フェス

HAIR COLOR RECIPE

使用製品　Ⓐブリーチ／フィヨーレ『BL パウダーブリーチ』＋6%（2倍）　Ⓑ根元／ミルボン『オルディーブ アディクシー』13-スモーキートパーズ：7-グレーパール＝5：1＋3%　Ⓒ中間〜毛先／ミルボン『オルディーブ アディクシー』(13-スモーキートパーズ：13-クリア＝1：1)に13-グレーパールが20%＋6%（2倍）　Ⓓポイントカラー／KAMILLE『ANAP カラートリートメント』バブルガムパープル：クリア＝1：1

工程　❶幅・間隔・深さともに2ミリのウイービングで根元1センチをあけてⒶを塗布。前髪はインナーをスライシングで分けとりⒶを塗布し、25分放置。　❷水洗後、根元にⒷ、中間〜毛先にⒸ、前髪のインナーにⒹを塗布し、10分放置して水洗。水洗の際、前髪のポイントカラーと全体のアルカリカラーが混ざらないように注意。

STYLING PROCESS

❶表面は12ミリ、ほかは19ミリのカールアイロンで、全頭を波巻き＋細かく巻きつけ。前髪は12ミリで根元を立ち上げ、毛先は外ハネに。　❷オイルをたっぷり手にとって、全体にしっかり塗布し、かなりウエットな質感に仕上げる。

TURQUOISE GRADATION

MENU　ブリーチ　塩基性カラー　アルカリカラー

黒髪からのブリーチ回数	1回
提案におすすめの季節 シチュエーション	夏／サマーバケーション

HAIR COLOR RECIPE

使用製品　Ⓐブリーチ／シュワルツコフ プロフェッショナル『ファイバープレックス』パウダーブリーチ＋6%（2倍）※前処理／シュワルツコフ プロフェッショナル『ファイバープレックス』No.1 ボンド ブースター　Ⓑ根元／ルベル『マテリア』BB＋3%　Ⓒ中間〜毛先／ルベル『マテリア』A-mix＋6%　Ⓓトリートメント／KAMILLE『ANAP カラートリートメント』エメラルドターコイズ：クリア＝1：4

工程　❶全頭にⒶを塗布し、25分放置後に水洗。　❷根元にⒷ、中間〜毛先にⒸを塗布し、20分放置後に水洗。　❸全頭にⒹを塗布し、5分放置後に水洗。

STYLING PROCESS

ドライ後、全頭にオイルを塗布してなじませる。

PEARL GRAY & YELLOW
パールグレー＆イエロー

（ BEFORE ）

（ AFTER ）

FRONT 　　BACK

LEFT 　　RIGHT

MENU

黒髪からのブリーチ回数	2回
提案におすすめの季節 シチュエーション	春／イベント

HAIR COLOR RECIPE

使用製品	Ⓐトリートメント／KAMILLE『ANAPカラートリートメント』ブライトイエロー：クリップジョイント『エンシェールズカラーバター』アイスミントグリーン＝9：1　Ⓑベース／ウエラ プロフェッショナル『コレストン パーフェクト＋』12/91：10/96＝6：1＋4.5%
工程	❶イエローの色みを入れたい場所にⒶをランダムに塗布し、それぞれホイルで包む。　❷ホイル以外の全頭にⒷを塗布し、15分置後に水洗。水洗時には、ⒶとⒷが混ざらないように注意する。

STYLING PROCESS

❶ドライ後、ストレートアイロンで毛先のみランダムに巻く。　❷全頭にグリースをもみ込んでなじませる。

FADE GREEN
ムラグリーン

（ BEFORE ）

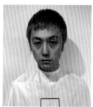

（ AFTER ）

FRONT 　　BACK

LEFT 　　RIGHT

MENU

黒髪からのブリーチ回数	2回
提案におすすめの季節 シチュエーション	夏

HAIR COLOR RECIPE

使用製品	Ⓐブリーチ／シュワルツコフ プロフェッショナル『イゴラ ヴァリオ ブロンド プラス』＋6%（2倍）※前処理／シュワルツコフ プロフェッショナル『ファイバープレックス』No.1 ボンド ブースター　Ⓑトリートメント／パイモア『スペクトラム カラーズ』パステルイエロー　Ⓒトリートメント（中間～毛先）／パイモア『スペクトラム カラーズ』パステルグリーン
工程	❶全頭にⒶを塗布し、25分放置後に水洗。　❷毛先に再度Ⓐを塗布し、25分放置後に水洗。　❸根元にⒷ、中間～毛先にⒸを塗布し、5分放置後に水洗。

STYLING PROCESS

ドライ後、全頭にグリースをもみ込んでなじませる。

INNER
CORAL PINK
インナーコーラルピンク

（ BEFORE ）

（ AFTER ）

FRONT

BACK

LEFT

RIGHT

MENU

塩基性カラー　アルカリカラー

黒髪からのブリーチ回数	2回
提案におすすめの季節 シチュエーション	秋／気分転換

HAIR COLOR RECIPE

使用製品　Ⓐブリーチ／ルベル『エドル ブリーチ』パウダーブリーチLB＋6％（2倍）　Ⓑインナー以外／ウエラ プロフェッショナル『コレストン パーフェクト＋』プラチナ：ネイビー＝4：1＋4.5％　Ⓒインナー／フィヨーレ『BLカラー』＝1：1＋（3％：6％＝1：1）

工程　❶前髪の内側を分けとり、Ⓐを塗布し、15分放置。これを2回繰り返す。　❷インナー（前髪の内側）以外の全頭にⒷを塗布し、20分放置後に水洗。　❸インナー部分にⒸを塗布し、15分放置後に水洗。

STYLING PROCESS

❶ストレートアイロンを全頭の中間〜毛先に通し、毛先を外ハネにクセづける。
❷オイルをたっぷり手にとり、全頭にしっかり塗布してウエットな質感に仕上げる。

BABY COLOR
(BORDEAUX)
ベイビーカラー
（ボルドー）

（ AFTER ）

FRONT

BACK

LEFT

RIGHT

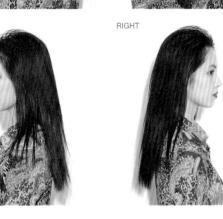

MENU

塩基性カラー

黒髪からのブリーチ回数	0〜1回
提案におすすめの季節 シチュエーション	秋・冬／ちょっとしたパーティ

HAIR COLOR RECIPE

使用製品　Ⓐ全頭／デミ コスメティクス『トレニージョ』バインピンク　Ⓑうぶ毛（前髪の生え際）／デミ コスメティクス『トレニージョ』ホワイト：バインピンク＝100：1

工程　うぶ毛以外の全頭にⒶを塗布後、うぶ毛部分にⒷを塗布し、10分放置して水洗。

STYLING PROCESS

❶全頭をストレートにブローする。　❷全頭にオイルとワックスをしっかり塗布し、ウエットな質感に仕上げる。

ARRANGE LESSON

髪色を生かすアレンジ・レッスン

エッジィなヘアカラーと"まとめ髪"は相性抜群。インパクトのある髪色は、
ヘアアレンジの楽しさとバリエーションを広げてくれます。
ここでは、色みを生かすアレンジのおさえどころを解説します。

※本企画は、『エッジィカラーのまとめ髪BOOK』（小社刊）の内容を再編集したものです。

本企画で解説する6つのまとめ髪

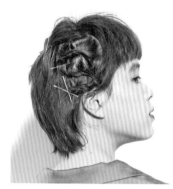

アレンジもアシメが旬
ピン使いで華やぎを

(SHORT)

鮮やかターコイズで彩る
アシメショート

(BOB)

ライムイエローが映える
エッジィ・ボブ

ポイントカラーを生かす
編み込み＆クリップアレンジ

連なるお団子がキュート
絶妙な引き出し加減がカギ

(MEDIUM)

3色使いで存在感抜群
洗練ミディアムレイヤー

カラフルな編み込み模様と
ヘアアクセのコラボが決め手

フィッシュボーンで際立つ
中間〜毛先のパープルピンク

(LONG)

トレンドワードは"くすみ感"
陰影で魅せるロングレイヤー

クールな表情を引き立てる
ストレートタッチのひねり一束

色を生かすアレンジ技

ラインカラーやハイライト＆ローライト、ビビッドカラーなどのエッジィカラーと組み合わせ
やすいアレンジテクニックをピックアップします。

先細フィッシュボーン

フィッシュボーン編みによる細かく
タイトな編み目が、中間〜毛先に入
れたパープル系のカラーを引き立て
る。毛先に向かって先細にするとバ
ランスが良く、引き締まった印象に。

> 編み目から毛束を
> 引き出す際には、毛
> 先から始めるとバラ
> ンスがとりやすい。

フロント寄せの編み込み

ラインカラーのデザインは、毛先が目立つ編み込みおさげス
タイルと好相性。フロント側に編み目を寄せるようにして編
み進めると、前から見てもかわいく見えて◎。

結び目巻きつけ

一束に結んだゴムに、細く分けとった毛束を巻きつけて
ゴムを隠すのは定番のアレンジテク。グラデーションカ
ラーと組み合わせれば、巻きつけた毛先のカラーリング
が目立ち、色ゴムのように見せる効果も。

ジグザグパート

> 指でジグザグと線を
> 描くようにして分け
> とると、やわらかい印
> 象の分け目に。

編みおろしや全頭編み込みなどのデザインでは、パートをジグザグ
にとるのが鉄板。左右均等はあまり意識せず、あえて不規則にす
るくらいが◎。

おだんご＋くずし

> 左右に扇状に広げた
> 後、毛束をつまんで
> 上下に引き出すと、
> きれいにくずせる。

きれいなブロンドのおだんごヘアは、適
度にくずしてやわらかい質感を加える
のがマスト。品良く仕上げるには、左
右→上下と段階的に毛束をつまんで引
き出すのが効果的。

アシメデザイン

左右でデザインが異なる
アシメアレンジが、トレン
ド女子の間で大人気。ビ
ビッドカラーやブロンド
ヘアに、ほどよい抜け感
をもたらしてくれる。

左はロープ編み込み、右はロー
プ編み込み（上段）＆表三つ編
み込み（下段）。

左はくるりんぱ、右はロープ編み。

2 色を生かすアイテム

エッジィカラーを引き立て、華やかなパーティ仕様にしてくれるヘアアクセを紹介します。

ミニクリップ

小ぶりなミニクリップは、さりげなくおしゃれ感を表現できる優秀アイテム。ヘアカラーの色みとあわせてコーディネイトしたり、TPOに合わせて素材を使い分けたりと、活用法はさまざま。

飾りピン

髪飾りとしても機能する飾りピンは、エッジィカラーにぴったりのアイテム。クロス留めや重ねづけ、異素材ミックスなど、自由な発想で使い方を工夫し、アレンジヘアを華やかに彩ってみよう。

リボン

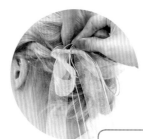

透け感のあるリボンは、ヘアカラーの色みを邪魔することなく、フォーマル度を高めてくれる便利アイテム。

ミニゴム

> エッジィなスタイルは、キュートなタイプのミニクリップと組み合わせてカジュアルダウンするのもおすすめ。

アレンジの場面で最も頻繁に使うアイテムの一つがミニゴム。目立たせたくない場合には透明タイプが便利だが、ヘアカラーとおそろいの色ゴムを使ってデザインの一環とするのもおしゃれ。

色を生かすアイロンワーク 3

仕込みや仕上げで大活躍するヘアアイロン。ここでは「SHACHU巻き」とも呼ばれる2つの巻き方と、ストレートアイロンのフィニッシュワークを紹介します。

ウエーブ巻き

波巻きとも呼ばれる巻き方で、山折りと谷折りのクセを交互につけて波状に形づけるテクニック。まとめ髪に用いると、奥行きと立体感のある仕上がりに。

巻きつけ

波ウエーブをつけた毛束の表面から薄く毛束をとり、毛先まで巻きつけて強めのカールをつくるテクニック。巻きつけによるラフなカールの動きで、より表情豊かなウエーブに。

ストレートタッチ

人とかぶりたくないというお客さまには、ストレートタッチのまとめ髪がおすすめ。仕込みでは全頭にストレートアイロンを通し、さらにおくれ毛もまっすぐに仕上げてとことんクールに。

2つのスタイルで実践

エッジィカラーと相性の良い2つのまとめ髪に焦点を当て、その工程とポイントを解説します。
まとめ髪のバリエーションを増やすヒントを探してみましょう。

FRONT	BACK	LEFT	RIGHT

実践1　ストレート仕立てがカギ 面構成の変わり一束

❶ 全頭にストレートアイロンを通した後、右オーバーの毛束を一束に持ち、テールコームでシェープ。

❷ パネルの中間に、毛流れと直角にコームのテールをあてる。

❸ コームのテールを支点に、毛先側を裏返すようにしてひねる。

❹ コームをはずし、ひねった毛束を指ではさみ持つ。

❺ 毛束をはさみ持ったまま、ひねった部分に上から飾りピンをさして固定。ゴールドタイプのピンを使用し、クールな中にも華やかさを演出。

❻ 左オーバーの毛束でも❶〜❺の工程を繰り返し、左右の面を重ねる。

❼ 残った毛先を合わせて一束に持ち、左寄りの位置で結ぶ。アシンメトリーのデザインでクールな印象を強調。

❽ 一束のテールから細い毛束を分けとり、❼の結び目に巻きつける。ゴムを隠すだけでなく、毛先のパープルを際立たせる効果も。

FRONT	BACK	LEFT	RIGHT

実践2　ポイントカラーが際立つ おだんご連続アレンジ

❶ オーバーの毛束をバックセンターで一束に結んでくるりんぱした後、表面をつまんで引き出し、高さを出す。

❷ ミドルの毛束を左右から分けとり、❶の一束と合わせて結び、もう一度くるりんぱ。その後、毛先側を引いてフォルムを締める。

❸ 右サイド〜バックセンターまでロープ編み込み。左側も同様に施術し、それぞれの毛先は❶〜❷の一束と合わせて結ぶ。

❹ ❸で結んだ毛束をおだんご状にまとめ、毛先は下へ向けておく。

❺ ❹でつくったおだんごから、毛束を引き出してくずす。まず左右、次に上下方向に毛束を引き出すと、きれいにくずせる。

❻ ネープの毛束を少量残し、それ以外を中央で一束に結び、もう一つおだんごをつくる。その後、❺と同様にしてくずす。

❼ ネープの毛束を中央で一束に結び、さらにもう一つおだんごをつくってくずす。

❽ 3つのおだんごの間を埋めるように毛束を引き出し、なじみの良いフォルムに整えると同時に、適度なほぐれ感を演出。

BACK SHOT COLOR RECIPE

バックショット&レシピ集

24スタイルのバックショット写真とヘアカラーレシピを一挙公開。
人気のハイトーン・ビビッド系をはじめ、
バレイヤージュ・グラデーションカラーなど、バリエーション豊富にお届けします。

STYLE 1 ～ STYLE 6
ハイトーン・ビビッド系カラー
[BEFORE & AFTER]

STYLE 7 ～ STYLE 15
グラデーション系カラー
[BEFORE & AFTER]

STYLE 16 ～ STYLE 24
SNSで大好評のスタイルをピックアップ！

HIGH TONE & VIVID

STYLE 1

MILK TEA BEIGE
ミルクティベージュ

（AFTER）

（BEFORE）

MENU

 ブリーチ　　 アルカリカラー

黒髪からのブリーチ回数	3～4回
提案におすすめの季節シチュエーション	オールシーズン（春・夏は特に◎）カラーデビュー

HAIR COLOR RECIPE

使用製品	Ⓐブリーチ（根元）／シュワルツコフ プロフェッショナル『ファイバープレックス』パウダーブリーチ＋6％（2倍）　Ⓑブリーチ（中間～毛先）／シュワルツコフ プロフェッショナル『ファイバープレックス』パウダーブリーチ＋6％（3倍）※前処理／シュワルツコフ プロフェッショナル『ファイバープレックス』No.1ボンド ブースター　Ⓒ根元／ミルボン『オルディーブ アディクシー』13-スモーキートパーズに7-アメジストを10％、9-シルバーを20％＋3％　Ⓓ中間～毛先／ミルボン『オルディーブ アディクシー』（0-クリア：13-スモーキートパーズ＝3：1）に13-アメジストを20％、13-シルバーを10％＋4.5％（クリア以外は2倍）
工程	❶全頭の根元にⒶを塗布し、5分放置後、中間～毛先にⒷを塗布。❷10分放置して水洗後、根元にⒸ、中間～毛先にⒹを塗布。5～10分放置後に水洗。

STYLE 2

AMETHYST GRAY
アメジストグレー

（AFTER）

（BEFORE）

MENU	ブリーチ		アルカリ カラー

黒髪からのブリーチ回数	**3回**
提案におすすめの季節 シチュエーション	**秋・冬／秋冬らしい ハイトーンカラーを楽しみたい方に**

HAIR COLOR RECIPE

使用製品	Ⓐブリーチ／シュワルツコフ プロフェッショナル『ファイバープレックス』パウダーブリーチ＋6％（2倍）※前処理／シュワルツコフ プロフェッショナル『ファイバープレックス』No.1ボンド ブースター　Ⓑ根元／ウエラ プロフェッショナル『コレストン パーフェクト＋』8/91：8/96＝3：1＋3％　Ⓒ中間〜毛先／ウエラ プロフェッショナル『コレストン パーフェクト＋』14/00：14/1：12/96＝1：1：1＋6％
工程	❶全頭にⒶを塗布し、20分放置。　❷水洗後、根元にⒷ、中間〜毛先にⒸを塗布し、5〜10分放置後に水洗。

STYLE 3

FILM PINK
フィルムピンク

（AFTER）

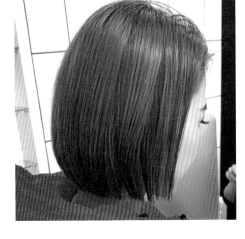

（BEFORE）

MENU			アルカリ カラー

黒髪からのブリーチ回数	**2〜3回**
提案におすすめの季節 シチュエーション	**春・冬 フェス、新学年**

HAIR COLOR RECIPE

使用製品	Ⓐ根元／アリミノ『アジアンカラー フェス』（10ピンク：12ナチュラル＝2：1）に8ピンクを30％＋2.8％　Ⓑ中間〜毛先／アリミノ『アジアンカラー フェス』（12ピンク：12ナチュラル＝2：1）に10ピンクを30％＋2.8％
工程	❶根元にⒶ、中間〜毛先にⒷを塗布し、15〜20分放置後に水洗。

STYLE 4

MEN'S TURQUOISE
メンズターコイズ

（AFTER）

（BEFORE）

MENU	ブリーチ	塩基性 カラー

黒髪からのブリーチ回数	**1回**
提案におすすめの季節 シチュエーション	**春・夏／フェス**

HAIR COLOR RECIPE

使用製品	Ⓐブリーチ／ハホニコ『リタ クレイジークレイジー ビアンコ』＋6％（2.5倍）　Ⓑ根元／KAMILLE『ANAPカラートリートメント』エメラルドターコイズ：クリア＝1：5　Ⓒ中間〜毛先／KAMILLE『ANAPカラートリートメント』エメラルドターコイズ：クリア＝1：10
工程	❶根元を2センチあけてⒶを塗布し、15分放置後に水洗。　❷根元にⒷを塗布した後、少し根元側へオーバーラップさせながら中間〜毛先にⒸを塗布。　❸5分放置後に水洗。

STYLE 5

MEN'S UNICORN
メンズユニコーン

（AFTER）

（BEFORE）

MENU		塩基性カラー	

黒髪からのブリーチ回数	**3回**
提案におすすめの季節 シチュエーション	**夏・冬／ライブ**

HAIR COLOR RECIPE

使用製品	Ⓐトリートメント／KAMILLE『ANAPカラートリートメント』バブルガムパープル：クリア＝1：10　Ⓑトリートメント／KAMILLE『ANAPカラートリートメント』ナイトブルー：クリア＝1：10　Ⓒトリートメント／KAMILLE『ANAPカラートリートメント』ブライトイエロー：クリア＝1：3　Ⓓトリートメント／KAMILLE『ANAPカラートリートメント』マゼンタピンク：クリア＝1：9　Ⓔトリートメント／KAMILLE『ANAPカラートリートメント』エメラルドターコイズ：クリア＝1：10
工程	❶全頭にⒶ～Ⓔを塗布。配色のバランスを考えつつ、手で毛束をつまんでランダムに塗布する。　❷全頭をコーミングして5分放置後に水洗。

STYLE 6

AMETHYST PURPLE
アメジストパープル

（AFTER）

（BEFORE）

MENU	ブリーチ	塩基性カラー	

黒髪からのブリーチ回数	**3～4回**
提案におすすめの季節 シチュエーション	**夏** **フェスなどのイベント時**

HAIR COLOR RECIPE

使用製品	Ⓐブリーチ（新生部）／シュワルツコフ プロフェッショナル『ファイバープレックス』パウダーブリーチ＋6％（2倍）　Ⓑブリーチ（既染部）／シュワルツコフ プロフェッショナル『ファイバープレックス』パウダーブリーチ＋3％（3倍）※前処理／シュワルツコフ プロフェッショナル『ファイバープレックス』No.1ボンド ブースター　Ⓒ根元／KAMILLE『ANAPカラートリートメント』（バブルガムパープル：クリア＝3：1）にナイトブルーを10％　Ⓓ中間～毛先／KAMILLE『ANAPカラートリートメント』（バブルガムパープル：クリア＝1：3）にナイトブルーを10％
工程	❶新生部にⒶを塗布し、5～10分放置。　❷既染部にⒷを塗布し、5～10分放置後に水洗。　❸根元にⒸ、中間～毛先にⒹを塗布し、10分放置後に水洗。

STYLE 7

GRADATION PEARL BLUE
グラデーションパールブルー

（ AFTER ）

（ BEFORE ）

MENU

 塩基性カラー アルカリカラー

黒髪からのブリーチ回数	3回
提案におすすめの季節シチュエーション	夏・冬／パーティ

HAIR COLOR RECIPE

使用製品 Ⓐ根元／ウエラ プロフェッショナル『コレストン パーフェクト＋』6/91：プラチナ＝1：1＋AC2%　Ⓑ中間～毛先／ウエラ プロフェッショナル『コレストン パーフェクト＋』12/1：プラチナ＝10：1＋6%　Ⓒポイントカラー／KAMILLE『ANAPカラートリートメント』ナイトブルー：バブルガムパープル：クリア＝1：1：6

工程 ❶根元にⒶ、中間～毛先にⒷを塗布し、15分放置後に水洗。　❷幅・間隔・深さともに5ミリのウイービングで、全頭の中間～毛先にⒸを塗布し、5分放置後に水洗。

STYLE 8

BLONDE-LAVENDER PINK
ブロンド～ラベンダーピンク

（ AFTER ）

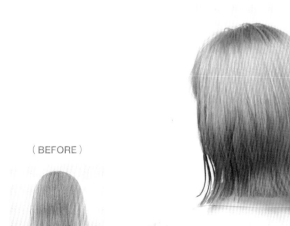

（ BEFORE ）

MENU

 塩基性カラー

黒髪からのブリーチ回数	3～4回
提案におすすめの季節シチュエーション	秋・冬／ライブ

HAIR COLOR RECIPE

使用製品 Ⓐトリートメント／CALATAS『カラタス シャンプー NH2＋』Pk トリートメント：KAMILLE『ANAPカラートリートメント』バブルガムパープル＝25：1

工程 ❶全頭の中間～毛先に、幅5ミリ、間隔5ミリ、深さ10ミリのウイービングでⒶを塗布し、5分放置。　❷ホイルをはずし、全頭をコーミング後、再度Ⓐを中間～毛先に前上がりに塗布。　❸5分放置後に水洗。

STYLE 9

WHITE GRAY GRADATION
ホワイトグレーグラデーション

（ AFTER ）

（ BEFORE ）

MENU	ブリーチ		アルカリ カラー

黒髪からのブリーチ回数	**2回**
提案におすすめの季節 シチュエーション	**冬／クリスマスデート**

HAIR COLOR RECIPE

使用製品	Ⓐブリーチ／シュワルツコフ プロフェッショナル『ファイバープレックス』パウダーブリーチ＋6％（2倍）※前処理／シュワルツコフ プロフェッショナル『ファイバープレックス』No.1ボンド ブースター　Ⓑ根元／ウエラ プロフェッショナル『コレストン パーフェクト＋』6/91：プラチナ：6/6＝2:1:1＋6%　Ⓒ中間～毛先／ウエラ プロフェッショナル『コレストン パーフェクト＋』（14/1：14/6：14/00＝2:1:1）に14/88を10％＋6%（3倍）
工程	❶全頭にⒶを塗布し、10分放置。　❷水洗後、根元にⒷ、中間～毛先にⒸを塗布し、10分放置後に水洗。

STYLE 10

CAMEL BROWN
キャメルブラウン

（ AFTER ）

（ BEFORE ）

MENU			アルカリ カラー

黒髪からのブリーチ回数	**2回**
提案におすすめの季節 シチュエーション	**秋・冬／パーティ**

HAIR COLOR RECIPE

使用製品	Ⓐ中間～毛先／ウエラ プロフェッショナル『コレストン パーフェクト＋』14/00＋6%　Ⓑ根元／ウエラ プロフェッショナル『コレストンパーフェクト＋』6/91：プラチナ＝1:1＋3%　Ⓒ中間～毛先／ウエラ プロフェッショナル『コレストン パーフェクト＋』14/1：12/96＝3:1＋6%（3倍）
工程	❶表面以外の全頭に、厚さ4～5センチのスライシングでⒶを塗布。　❷表面（フロント2パネル・バックのオーバー1パネル）のみ、幅7ミリ、間隔10ミリ、深さ7ミリのウイービングでⒶを塗布し、15分放置後に水洗。❸全頭の根元にⒷ、中間～毛先にⒸを塗布し、10分放置後に水洗。

STYLE 11

SMOKEY BROWN BALAYAGE
スモーキーブラウンバレイヤージュ

（ AFTER ）

（ BEFORE ）

MENU　ブリーチ　　アルカリカラー

黒髪からのブリーチ回数	2回
提案におすすめの季節 シチュエーション	秋・冬／旅行

HAIR COLOR RECIPE

使用製品　Ⓐブリーチ／ハホニコ『リタ クレイジークレイジービアンコ』＋6%（2.5倍）　Ⓑ根元〜中間／ウエラ プロフェッショナル『コレストンパーフェクト＋』6/91：プラチナ＝2：1＋3%　Ⓒ毛先／ウエラ プロフェッショナル『コレストンパーフェクト＋』14/1：14/6＝1：1＋6%（3倍）

工程　❶全頭の中間〜毛先にⒶを塗布し、25〜30分放置後に水洗。　❷根元〜中間にⒷ、毛先にⒸを塗布し、10分放置後に水洗。

STYLE 12

GRADATION BLUE
グラデーションブルー

（ AFTER ）

（ BEFORE ）

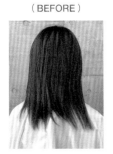

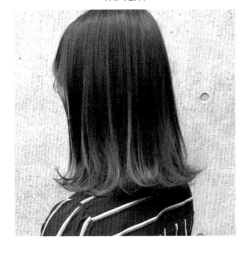

MENU　ブリーチ　塩基性カラー　アルカリカラー

黒髪からのブリーチ回数	2回
提案におすすめの季節 シチュエーション	春 新学年

HAIR COLOR RECIPE

使用製品　Ⓐブリーチ／フィヨーレ『BL パウダーブリーチ』＋6%（2倍）　Ⓑ根元〜中間／ルベル『マテリア』BB＋（3%：6%＝1：1）　Ⓒ毛先／ルベル『マテリア』LT-EX＋6%（3倍）　Ⓓポイントカラー／KAMILLE『ANAPカラートリートメント』ナイトブルー

工程　❶毛先をⒶでブリーチ（15分放置）×2回。　❷水洗後、根元〜中間にⒷ、毛先にⒸを塗布、15分放置。　❸水洗後、Ⓓを毛先に塗布し、5分放置後に水洗。

STYLE 13

WHITE GRAY BALAYAGE
ホワイトグレーバレイヤージュ

（ AFTER ）

（ BEFORE ）

MENU　　アルカリカラー

黒髪からのブリーチ回数	2回
提案におすすめの季節 シチュエーション	秋・冬／旅行

HAIR COLOR RECIPE

使用製品　Ⓐ根元／フィヨーレ『BL カラー』5MT＋1.5%　Ⓑ中間〜毛先／ウエラプロフェッショナル『コレストンパーフェクト＋』10/91：12/95＝10：1＋3%

工程　❶根元にⒶを塗布し、3分放置後、中間〜毛先にⒷを塗布。　❷10分放置後に水洗。

STYLE 14

SMOKEY ICE BLUE
スモーキーアイスブルー

（AFTER）

（BEFORE）

MENU　　ブリーチ　塩基性カラー　アルカリカラー

黒髪からのブリーチ回数	2回
提案におすすめの季節シチュエーション	夏・秋／フェス

HAIR COLOR RECIPE

使用製品　Ⓐブリーチ／シュワルツコフ プロフェッショナル『ファイバープレックス』パウダーブリーチ＋6％（2倍）※前処理／シュワルツコフ プロフェッショナル『ファイバープレックス』No.1ボンド ブースター　Ⓑ根元〜中間／ウエラプロフェッショナル『コレストンパーフェクト＋』6/91：プラチナ＝1：1＋3％　Ⓒ毛先／ウエラ プロフェッショナル『コレストンパーフェクト＋』14/00：14/1：14/6＝2：2：1＋6％　Ⓓトリートメント/KAMILLE『ANAPカラートリートメント』ナイトブルー：メタリックシルバー：クリア＝1：1：10

工程　❶新生部にⒶを塗布し、25分放置後に水洗。　❷根元〜中間にⒷを、毛先にⒸを塗布し、10分放置後に水洗。　❸表面のみ、中間〜毛先に幅10ミリ、間隔20ミリ、深さ10ミリのウイービングでⒹを塗布。　❹表面以外は厚さ2センチのスライシングで中間〜毛先にⒹを塗布し、3分放置後に水洗。

STYLE 15

PINK × BLUE GRADATION
ピンク×ブルーグラデーション

（AFTER）

（BEFORE）

MENU　　ブリーチ　塩基性カラー　アルカリカラー

黒髪からのブリーチ回数	2〜3回（根元は1回）
提案におすすめの季節シチュエーション	春・夏／入学式、フェス

HAIR COLOR RECIPE

使用製品　Ⓐブリーチ（新生部）／シュワルツコフ プロフェッショナル『ファイバープレックス』パウダーブリーチ＋6％（2倍）※前処理／シュワルツコフ プロフェッショナル『ファイバープレックス』No.1ボンド ブースター　Ⓑ根元／アリミノ『アジアンカラー フェス』6ピンク：8バイオレット＝10：1＋（2.8％：6％＝1：1）　Ⓒ中間〜毛先／アリミノ『アジアンカラー フェス』クリアピンク：6ピンク＝5：1＋2.8％　Ⓓトリートメント/KAMILLE『ANAPカラートリートメント』ナイトブルー：クリア＝1：5

工程　❶新生部にⒶを塗布し、30分放置後に水洗。　❷根元にⒷを塗布後、中間〜毛先にⒷを伸ばしながらⒸを塗布し、10〜15分放置。　❸水洗後、毛先に向かってグラデーション状にⒹを塗布し、5分放置後に水洗。

STYLE 16

CHERRY WHITE
チェリーホワイト

（ AFTER ）

MENU

黒髪からのブリーチ回数	3回
提案におすすめの季節 シチュエーション	春・夏／フェス、新学年、 ガラッとイメチェンしたい時など

HAIR COLOR RECIPE

使用製品	Ⓐブリーチ／ルベル『エドル ブリーチ』パウダーブリーチLB＋6％（2倍） Ⓑ根元／フィヨーレ『クオルシア』（ピンク6：コーラルピンク10＝1：1）にウルトラバイオレットを10％＋3％ Ⓒ中間〜毛先／フィヨーレ『BLカラー』12MT：V10＝10：1＋6％ Ⓓトリートメント／KAMILLE『ANAPカラートリートメント』マゼンタピンク：クリア＝1：15
工程	❶全頭をⒶでブリーチ（20分放置）×3回。 ❷水洗後、根元にⒷ、中間〜毛先にⒸを塗布し、10分放置。 ❸水洗後、中間〜毛先にⒹを塗布し、3分放置後に水洗。

STYLE 17

EMERALD WHITE
エメラルドホワイト

（ AFTER ）

MENU

黒髪からのブリーチ回数	4回
提案におすすめの季節 シチュエーション	夏・冬／ホワイト系での カラーチェンジ、バカンスなどに

HAIR COLOR RECIPE

使用製品	Ⓐブリーチ／シュワルツコフ プロフェッショナル『ファイバープレックス』パウダーブリーチ＋6％（2倍）※前処理／シュワルツコフ プロフェッショナル『ファイバープレックス』No.1ボンドブースター Ⓑ根元／ミルボン『オルディーブ アディクシー』13-スモーキートパーズ：13-アメジスト＝10：1＋3％ Ⓒ中間〜毛先／ミルボン『オルディーブ アディクシー』13-クリア：13-スモーキートパーズ＝10：1＋6％ Ⓓトリートメント/KAMILLE『ANAPカラートリートメント』エメラルドターコイズ：クリア＝1：15
工程	❶全頭をⒶでブリーチ（20分放置）×4回。 ❷水洗後、根元にⒷ、中間〜毛先にⒸを塗布し、10分放置。 ❸水洗後、幅・間隔3ミリ、深さ5ミリのウィービングで中間〜毛先にⒹを塗布し、3分放置後、コーミングして水洗。

STYLE 18

CASSIS PINK GRADATION
カシスピンクグラデーション

（ AFTER ）

MENU

黒髪からのブリーチ回数	1回
提案におすすめの季節 シチュエーション	春・夏／新学年

HAIR COLOR RECIPE

使用製品	Ⓐブリーチ／シュワルツコフ プロフェッショナル『ファイバープレックス』パウダーブリーチ＋（3％：6％＝1：1）（2倍）※前処理／シュワルツコフ プロフェッショナル『ファイバープレックス』No.1ボンドブースター Ⓑ根元〜中間／ウエラプロフェッショナル『コレストンパーフェクト＋』6/91：プラチナー2：1＋4.5％ Ⓒ毛先／アリミノ『アジアンカラーデザインエキスパート』7ピンク：6レッド＝4：1＋（2.8％：6％＝1：1）
工程	❶全頭にⒶを塗布し、20分放置後に水洗。 ❷根元〜中間にⒷを塗布後、毛先にⒸを塗布し、15分放置後に水洗。

※Style16〜24のバックショット画像はafterのみのため、黒髪のヴァージン毛から施術した場合のレシピを掲載しています。

STYLE
19

SAPPHIRE BLUE
サファイアブルー

MENU

黒髪からのブリーチ回数	3回
提案におすすめの季節 シチュエーション	夏・冬／旅行やフェス、「映えたい」時に

HAIR COLOR RECIPE

使用製品	Ⓐブリーチ／ルベル『エドル ブリーチ』パウダーブリーチLB＋6%（2倍） Ⓑ根元／フィヨーレ『BL カラー』MB6：V6＝10：1＋3% Ⓒ中間〜毛先／フィヨーレ『BL カラー』クリア：MB6：V8＝10：10：1＋3%
工程	❶全頭をⒶでブリーチ（20分放置）×3回。 ❷水洗後、根元にⒷ、中間〜毛先にⒸを塗布し、5分放置後に水洗。

（AFTER）

STYLE
20

WHITE PINK
ホワイトピンク

MENU

黒髪からのブリーチ回数	2回
提案におすすめの季節 シチュエーション	春・夏／ヘアカラーデビュー

HAIR COLOR RECIPE

使用製品	Ⓐブリーチ（1回目）／シュワルツコフ プロフェッショナル『ファイバープレックス』パウダーブリーチ＋6%（2倍） Ⓑブリーチ（2回目）／シュワルツコフ プロフェッショナル『ファイバープレックス』パウダーブリーチ＋3%（2倍）※前処理／シュワルツコフ プロフェッショナル『ファイバープレックス』No.1ボンド ブースター Ⓒ全頭／ルベル『マテリア』P-12：Ma-12＝4：1＋3%
工程	❶全頭にⒶを塗布し、25分放置。 ❷水洗してドライ後、全頭にⒷを塗布し、20分放置。 ❸水洗後、全頭にⒸを塗布し、15分放置後に水洗。

（AFTER）

STYLE
21

SMOKEY HONEY YELLOW
スモーキーハニーイエロー

MENU

黒髪からのブリーチ回数	2回
提案におすすめの季節 シチュエーション	春・夏・秋／明るくしたいけど 人に似たデザインが苦手な方に

HAIR COLOR RECIPE

使用製品	Ⓐブリーチ／シュワルツコフ プロフェッショナル『ファイバープレックス』パウダーブリーチ＋6%（2倍）※前処理／シュワルツコフ プロフェッショナル『ファイバープレックス』No.1ボンド ブースター Ⓑ根元／ルベル『エドル』Gr-7：V-7＝10：1＋2% Ⓒ中間〜毛先／ルベル『エドル』Gr-13：V-11＝10：1＋6% Ⓓトリートメント／デミ コスメティクス『トレニージョ カラーヘアパテ』シャイニーイエロー
工程	❶全頭をⒶでブリーチ（15分放置）×2回。 ❷水洗後、根元にⒷ、中間〜毛先にⒸを塗布し、15分放置。 ❷水洗後、全頭にⒹを塗布し、5分放置後に水洗。

（AFTER）

WHITE UNICORN
STYLE 22
ホワイトユニコーン

(AFTER)

MENU

黒髪からのブリーチ回数	4回
提案におすすめの季節 シチュエーション	夏・冬／イベント時や、 ハイトーンを楽しみたい方に。

HAIR COLOR RECIPE

使用製品　Ⓐブリーチ／シュワルツコフ プロフェッショナル『ファイバープレックス』パウダーブリーチ＋6%（2倍）※前処理／シュワルツコフ プロフェッショナル『ファイバープレックス』No.1ボンド ブースター　Ⓑ根元／ウエラ プロフェッショナル『コレストンパーフェクト＋』8/91：8/96＝4：1＋3%　Ⓒ中間～毛先／ウエラ プロフェッショナル『コレストンパーフェクト＋』14/00：14/1：14/6＝2：2：1＋6%　Ⓓトリートメント／KAMILLE『ANAPカラートリートメント』①バブルガムパープル：クリア＝1：5、②アメリカンチェリー：クリア＝1：10、③ナイトブルー：クリア＝1：5、④エメラルドターコイズ：クリア＝1：8

工程　❶全頭をⒶでブリーチ（20分放置）×4回。　❷水洗後、根元にⒷ、中間～毛先にⒸを塗布し、10分放置。　❸水洗後、全頭の中間～毛先にⒹを、幅・間隔3ミリ、深さ5ミリのウイービングで①→③→②→④の順に繰り返し塗布し、5分放置後に水洗。

STYLE 23
MARINE BLUE GRADATION
マリンブルーグラデーション

(AFTER)

MENU

黒髪からのブリーチ回数	2～3回
提案におすすめの季節 シチュエーション	秋・冬／フェス

HAIR COLOR RECIPE

使用製品　Ⓐブリーチ（1回目）／シュワルツコフ プロフェッショナル『ファイバープレックス』パウダーブリーチ＋6%（2倍）　Ⓑブリーチ（2回目）／シュワルツコフ プロフェッショナル『ファイバープレックス』パウダーブリーチ＋3%（2倍）※前処理／シュワルツコフ プロフェッショナル『ファイバープレックス』No.1ボンド ブースター　Ⓒ根元／ルベル『マテリア』A-mix：BB＝1：1＋3%　Ⓓ中間～毛先／ウエラ プロフェッショナル『ソフタッチ』クリア＋2.8%（2倍）　Ⓔトリートメント／KAMILLE『ANAPカラートリートメント』（ナイトブルー：クリア＝1：5）にバブルガムパープルを10%

工程　❶全全頭にⒶを塗布し、20分放置。　❷水洗してドライ後、全頭にⒷを塗布し、20分放置。　❸水洗後、根元にⒸ、中間～毛先にⒹを塗布し、15分放置。　❹水洗後、全頭の中間～毛先にⒺを塗布し、5分放置後に水洗。

STYLE 24
ICE BLUE GRADATION
アイスブルーグラデーション

(AFTER)

MENU

黒髪からのブリーチ回数	2回
提案におすすめの季節 シチュエーション	冬／旅行

HAIR COLOR RECIPE

使用製品　Ⓐブリーチ（1回目）／シュワルツコフ プロフェッショナル『ファイバープレックス』パウダーブリーチ＋6%（2倍）　Ⓑブリーチ（2回目）／シュワルツコフ プロフェッショナル『ファイバープレックス』パウダーブリーチ＋3%（2.5倍）※前処理／シュワルツコフ プロフェッショナル『ファイバープレックス』No.1ボンド ブースター　Ⓒ根元／ルベル『マテリア』A-mix：BB＝1：1＋3%　Ⓓ中間～毛先／ウエラ プロフェッショナル『コレストンパーフェクト＋』（10/8：12/8＝1：1）にネイビー を20%＋3%　Ⓔカラーシャンプー／CALATAS『カラタスシャンプーNH₂⁺』ネイビー Nv シャンプー、Nv トリートメント

工程　❶全頭にⒶを塗布し、20分放置。　❷水洗してドライ後、全頭にⒷを塗布し、25分放置。　❸水洗後、根元5センチにⒸ、中間～毛先にⒹを塗布し、15分放置後にⒺで水洗。

KEEP & COLORING

色キープ&色入れ
ハイブリッドなカラーシャンプー活用法

ファッション感度の高い女性客に大人気！ カラーシャンプーの活用法を2つご紹介します。

活用法1　　カラーシャンプーできれいな色をキープ

カラーシャンプー定番の活用法。ヘアカラー施術後、
自宅でカラーシャンプー&トリートメントを使用してもらうことで、鮮やかな色みをキープできる。

（ ヘアカラー施術後 ）　⟶　（ 1週間後 ）

塩基性カラーでピンク系の色みをオン。既染部のオレンジ系の色みときれいにブレンドしている。

ピンクのカラーシャンプー&トリートメントを、自宅で1週間使用

使用製品
『CALATAS NH₂⁺』
ピンク
カラタスシャンプー NH₂⁺ Pk
カラタストリートメント NH₂⁺ Pk

ピンクシャンプー使用により、鮮やかさをキープし、にごりのないクリアな色みを長く楽しんでもらえる。

カラーシャンプーで色を入れる

ヘアカラー剤を使わずにカラーチェンジが可能。
パーマ履歴のあるブリーチ毛のお客さまにも、ノーリスクで楽しんでもらえる。

(BEFORE)

FRONT　　　　RIGHT　　　　BACK

1ヵ月前にパーマ、1週間前に
ヘアカラー施術履歴があるハ
イダメージ毛。これ以上ダメー
ジを与えるのは危険な状態。

カラシャン施術

シャンプー台でネイビーのカ
ラーシャンプー＆トリートメン
ト施術。

カラーシャンプー

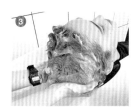

❶ カラーシャンプーをたっぷり手にとり、ぬらした髪につけてなじませる。

❷ やさしく泡立て、シャンプーを全頭に行き渡らせる。

❸ 色の入り具合を確認しながら❶と❷を繰り返し、水洗。

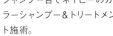

カラートリートメント

❶ カラートリートメントをたっぷり手にとり、髪につける。

❷ 表面からおさえるようにつけたり、もみ込んだりしながら、全頭にしっかりトリートメントを行き渡らせる。ねらい通りに色が入ったら水洗。

使用製品
『CALATAS NH₂⁺』
ネイビー
カラタスシャンプー NH₂⁺ Nv
カラタストリートメント NH₂⁺ Nv

FRONT

(AFTER)

BACK　　　　RIGHT

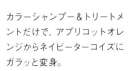

カラーシャンプー＆トリートメ
ントだけで、アプリコットオレ
ンジからネイビーターコイズに
ガラッと変身。

PART 3

SHACHU
LIFE

PART3では、多店舗展開にこだわらない経営術、セルフブランディング実例など、
SHACHUのサロンづくり、人づくりの「今」を切りとります。

SOURCE OF DESIGN

みやち語録から学ぶデザインのタネ

ヘアデザインやクリエイション、撮影についての思いを語った
みやちオーナーの言葉から、アイデアやデザインを生み出す上でのヒントを学びます。

「たまたまできた」とか
「その場勝負」ではなく、
ねらってつくる方がいい。

「奇抜」と「斬新」は違う。
奇抜になってしまったら失敗。
でも、今奇抜なものが
半年後には「斬新」になり、
可愛くなることもある。それが楽しい。

レンズ越しの
モデルの表情は
ヘアスタイリストの
自信次第。

SHACHUの
足跡を流行にしたい。

世の中の流れを
よく見て、
マスを知るようには
するけど、
マスには行かない。

思いついたことを10個くらい
いっぺんにやってみる。
それで当たったものを取り入れていく。
すごく当たったのが、
ユニコーンカラーやすそカラー。

期待される
仕事だから
応えるしかない。

時代には
絶対に負けない。

今の渋谷の街は、
おしゃれなアジア人が多い。
野心があってハングリー。
新旧入れ替わり、
未完成な今の渋谷で、
それを表現したかった。

（P2～9 巻頭ページの作品について）

自分のつくったスタイルには
絶対に誇りを持とう。

お客さまやモデルさんが
喜んだ瞬間、エゴじゃなくなる。

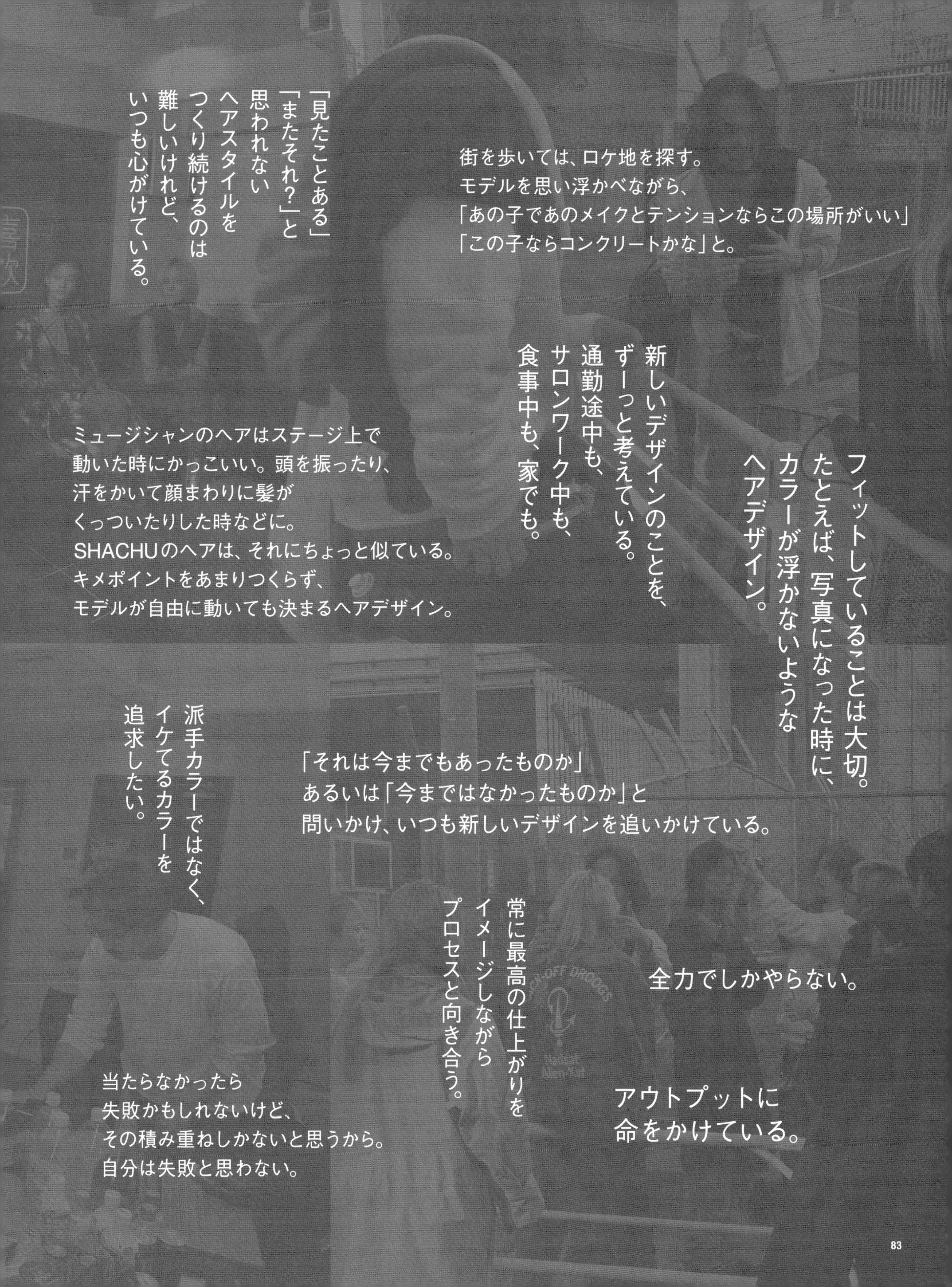

街を歩いては、ロケ地を探す。
モデルを思い浮かべながら、
「あの子であのメイクとテンションならこの場所がいい」
「この子ならコンクリートかな」と。

「見たことある」「またそれ?」と
思われない
ヘアスタイルを
つくり続けるのは
難しいけれど、
いつも心がけている。

新しいデザインのことを、
ずーっと考えている。
通勤途中も、
サロンワーク中も、
食事中も、家でも。

フィットしていることは大切。
たとえば、写真になった時に、
カラーが浮かないような
ヘアデザイン。

ミュージシャンのヘアはステージ上で
動いた時にかっこいい。頭を振ったり、
汗をかいて顔まわりに髪が
くっついたりした時などに。
SHACHUのヘアは、それにちょっと似ている。
キメポイントをあまりつくらず、
モデルが自由に動いても決まるヘアデザイン。

派手カラーではなく、
イケてるカラーを
追求したい。

「それは今までもあったものか」
あるいは「今まではなかったものか」と
問いかけ、いつも新しいデザインを追いかけている。

全力でしかやらない。

常に最高の仕上がりを
イメージしながら
プロセスと向き合う。

アウトプットに
命をかけている。

当たらなかったら
失敗かもしれないけど、
その積み重ねしかないと思うから。
自分は失敗と思わない。

好きを
追求する

SELF-BRANDING EXAMPLES

SHACHUスタッフの
セルフブランディング実例集！

name:

MORIYOSHI

クリエイションで
セルフブランディング

MORIYOSHIさんはサロンワークの合間などを利用して、作品撮りをしている。最近は背景のみを作品のイメージに合わせて携帯アプリで加工することにハマっているそうだ。

1985年生まれ。埼玉県出身。日本美容専門学校卒業後、都内の美容室、美術館、フラワーショップ勤務を経て、『SHACHU』の立ち上げに参画。現在、同店チーフディレクター。

　SHACHUオープニングメンバーで、みやちオーナーの右腕でもあるMORIYOSHIさん。SHACHUのデザイン発信を常に牽引する存在であり、高い技術力を基盤とするクリエイティブ力に、みやちさんをはじめ、スタッフたちは絶大な信頼を寄せています。最近では髪はもちろん、美容やファッションのセンスを磨き、さらに精度を高めるため、交友があるヘアメイクアップアーティストの作品撮りに参加し、そこで得たことをサロンワークや自身の作品撮りに活かしているそうです。
　「僕が何かを追求したり熱中したりする基準は、好きか好きじゃないか、楽しいか楽しくないか。好きだから、楽しいから、作品撮りをやっているだけなのです。僕ってすごく飽き性。で

もクリエイションにはゴールがないから、続けていられるのかもしれません。要はやりたいことをやっているだけなんです」
　SHACHUの代名詞ともいえるデザインカラーの数々は「こんな感じの色みがおしゃれだな、可愛いな」という、常に新しいことを探し、挑戦し続けているMORIYOSHIさんの感覚から生まれてきました。今後は、デザインカラーと組み合わせたパーマスタイルなど、ヘアカラーのみならずパーマ分野にも力を入れて、新しいデザインを発信し続けていきたいとのことです。
　やりたいことを本気で追求したら、いつかそれが形になり、確立されていく。MORIYOSHIさんは若きSHACHUスタッフたちにそのことを示し続けています。

『SHACHU』の強みはスタッフの個性が十人十色なこと。それぞれが得意な分野を追求し、伸ばし、補い合っている。

name:

Manami

1992年生まれ。福島県出身。福島県高等理容美容学院卒業後、都内1店舗を経て、2014年に『SHACHU』入社。現在、同神南店副店長。

笑顔あふれる接客で
セルフブランディング

Manamiさんの周りはいつもはち切れるほどの笑顔と大きな笑い声が絶えない。お客さまの中には、姉のように慕う人が多く、その魅力は、「髪の毛もしっかり可愛くしてくれる上、プライベートな相談にも親身に答えてくれる」とのこと。

　笑顔が絶えない、フレンドリーな接客が売りのManamiさん。数多くいる美容師の中から"選ばれる"ためには、高い技術力に加え、"オリジナリティ"が必要になると考え、接客力を磨いてきたそう。初めて来店するお客さまの中には人見知りの方も多く、そういう人に対しては"とにかく話す接客"をするのがManamiさん流。話すことで、お客さまは徐々にその場に打ち解け、相談や要望を伝えやすくなるからです。お客さまに居心地が良いと感じてもらえる雰囲気づくり、そしてホスピタリティ向上のための努力を常に惜しみません。

　「元気で明るい応対とはいえ、もちろんハイテンション一辺倒ではなく、お客さま一人ひとりのテンションやニーズに沿う接客を大切にしています。最近はパーソナルジムに通い始めたことで、大人世代のお客さまとの共通の話題が増えたり、自分自身の美意識向上、また自分磨きにもつながっていることを実感しています。実際に体験してみると大人のお客さまが美容に対して何を求めているかがわかるようになり、共感もできて、会話も盛り上がります。距離をグッと縮められるようになった気がしますね」

　Manamiさんが美容師を志した理由、それはお客さまの人生に関わり、一緒に歩んでいける職業だから。まさに今、その志を貫き、多くのお客さまと、美容師とお客さま以上の信頼関係を築いているのです。

name:

KOSAKA

1991年生まれ。東京都出身。ハリウッドビューティ専門学校卒業後、都内2店舗を経て、2015年に『SHACHU』入社。現在、同神南店スタイリスト。

最先端な**SNS発信**で
セルフブランディング

ヘアカラーのBEFOREとAFTERの投稿。1枚で完結させずに、次ページへ誘導するテキストを添える。閲覧者がワクワクするようなストーリー性を意識しているそう。

　美容師のセルフブランディングに欠かせなくなっているSNS発信。積極的にSNSを活用しているSHACHUスタッフの中でも、KOSAKAさんはピカイチの発信力を誇ります。約5万人のフォロワーを有する自身のインスタグラムでは、毎日欠かさず複数回発信。学生がチェックすることが多い朝は、彼らの心をとらえる内容を意識。1日の中で閲覧数が最も多い昼は、その日に一番自分がアピールしたいこと」、夜は「翌朝すぐに試せるスタイリング方法」と、フォロワーや世間の生活サイクルなどを分析して投稿内容を決めているのです。

　「ゲームをしたりマンガを読むなど、一人で黙々とする作業が好きなんです。だから今どんなことが注目されているのかをコツコツとリサーチ・分析することは、僕の性格にとても合っています。SNS発信で最近こだわっていることは、動画や写真に添えるテキスト。人の気を引くような言葉をチョイスするようにしています。たとえば『ガラッと』はよく使います。目を留めてくれる人が多くなるワードなんです」

　KOSAKAさんは常にアンテナを張り巡らせて、どんな美容ワードが流行っているのかをキャッチしています。サロンワークに加え、このような作業は時間的負担も大きいはずです。

　「活躍している美容師に共通するのが、時間を有効に使っていること。だから、僕も『時間がない』を言い訳にせず、どんな忙しい時にでもリサーチ＆発信を絶やさない、と決めたんです」

name:

momo

1997年生まれ。愛知県出身。中日美容専門学校卒業後、2017年に『SHACHU』入社。現在、同渋谷本店アシスタント。

(唯一無二のアシストで
セルフブランディング)

台湾で行なわれたみやちさんのヘアショーでもアシスタントとして登壇。言葉が通じないモデルをメイクするなど、舞台裏では苦労も多かったが、その分経験値が上がったとのこと。

　個性派ぞろいのSHACHUスタッフの中でも、天真爛漫なキャラクターでひと際目を引く存在のmomoさん。入社してすぐにオーナーみやちさんのアシスタントに自ら立候補。抜群のコミュニケーション力から、瞬く間にお客さまから愛される存在になりました。さらに何事にも臆することのない抜群の度胸を買われ、スタイリストデビュー前ながら、数々のみやちさんのヘアショーにもアシスタントとして同行。みやちさんの名物アシスタントとして、その存在感をアピールし続けています。

「目立ちたがり屋なので、大きな舞台でも緊張することはなく、多くの観客に見られていると、アドレナリンが出て、燃えます！先日、地方セミナーの直前に指を負傷し、病院へ行くことになったのです。けれど、戻ってすぐに登壇しました。『無理しないで休んで』とみやちさんには止められましたけど、絶対に穴を空けたくないと思って。すごく負けん気が強いんです」

　今夏のデビューを目標に、奮闘中です。天性の明るい性分でコミュニケーションに苦労することはなかった反面、技術では壁にぶち当たり、ひと知れず思い悩むことも。しかし、持ち前の明るさと負けん気の強さで乗り越えています。また、夢に向かってセルフブランディングも欠かしていません。

「インスタグラムでは私のセルフメイク動画やファッションを投稿しています。『momo』というキャラを確立したスタイリストになりたいんです」

みやちオーナーが語る

SHACHU の "これまで" と "これから"

ハイトーンカラーブームを牽引し、美容学校生からは、入りたいサロンにいつも名があがる
人気サロンに自店を育て上げたオーナーのみやち氏。彼がいま考えている "SHACHU の未来のカタチ" とは？

少ない店舗で最高のヘアデザインを提供する

——今年の4月でオープン6年目を迎えますが、新しい店舗
を！ という期待を寄せる声も多いのではないでしょうか？
みやち　注目されていることは、ありがたいことです。けれど、
『SHACHU 秘伝のヘアレシピ』(小社刊) のインタビュー内で
も語ったように、僕がSHACHUを出した理由はお客さま、ス
タッフ、僕がもっと幸せになれる場所をつくりたかったから。
無理に店舗数を増やしてサロンを大きくしたいという気持ち
はなく、店舗展開についても、席数が足りなくなりパンク寸
前になったら増やす、という考え方を今でも変えていません。
SHACHUはまだ6年目で、ほとんどのスタッフが20代の若
いサロン。今、無理して増やすとスタッフがバラバラになり、
ブランド力が薄まるというリスクもあるので、新店舗を出すと
しても、もう少し熟してからでいいかな、と考えています。

——スタッフ数が大幅に増えて、パンク寸前では？　とも思
いますが。
みやち　スタイリストデビューしていないアシスタントが多く、
スタイリストたちはサロンワーク以外にセミナー講師などの
外部の仕事も多くこなしています。休日に外部の仕事をした
場合には、平日にきちんと休みをとるような勤務体制にして
いるため、売り上げ、客数ともに増えつつも、まだパンク状態
ではありません。それと、僕自身も外部の仕事を増やし、サロ
ンワークを減らしてバランスをとっています。2020年の後半
以降はデビューラッシュを迎えるので、その時になったらいよ
いよパンク状態となり、新店を考えることになるかもしれませ
んが、人それぞれデビューのタイミングは違うので、どうなる
かは分かりません。スタイリストになる技量が身についてい
ないのに、新店舗を出すことを優先してデビューを早めること
は、SHACHUのためにもその子のためにも絶対にしたくあり

ません。新店舗はしかるべき時期が来たら、ということになるでしょうね。

サロンの成長とともに変わったこと、変わらぬこと

——ここ数年、スタッフ数が増えたり、みやちさんの外部の仕事が増えたりしたことにより、スタッフとのコミュニケーションに何か変化はありましたか？

みやち　任せることが多くなりましたね。神南店で言えば、MORIYOSHIとKONNOにほぼ任せ切っています。僕の胸の内、たとえば気になってること、心配していることは、スタイリストとはほぼ共有できているので、僕が言わずとも彼らが他のスタッフに伝えてくれています。まだ6年目ではありますが、きちんとSHACHUイズムが継承されていることは、とても誇らしいし、嬉しいですね。

——若いスタッフ（アシスタント）たちとはどのようにコミュニケーションを図っていますか？

みやち　スタッフが20人程度の時は、その子がどんなキャラクターなのかを一人ひとり把握できていましたが、昨年は新卒を10人採用したので、さすがに意識的にコミュニケーションを図る場を設けないと、把握するのが無理だな、と思いました。そこで、入社してすぐの1か月間、毎週日曜日の営業後に「みやちトレーニング」を開催したのです。技術を教える場ではなく、僕からはこれから美容師として生きていくにあたってのアドバイスのようなことを伝え、1年生からは将来のビジョンを聞くという意見交換のような場です。結果、これをしたことで、その子たちのことを深く知ることができ、その後スムースにコミュニケーションをとれるようになりました。

明るい未来を若者に示すサロンづくり

——SHACHUといえば美容学校生に人気が高く、それがリクルートの強さにつながっていますよね。どのようにして人気を得たのでしょうか？

みやち　美容学校生が入りたいのは、「かっこいいヘアデザインを発信している働きやすい雰囲気のサロン」と僕は考えています。だからまずは、お客さまとして来てくれる美容学校生に、満足してもらえるヘアデザインを提供しました。ヘアデザインへのこだわりが強い美容学校生たちが満足すると、そのヘアデザインは美容学校内で話題になり、次々と生徒が来店してくれるからです。そして生徒たちはSHACHUに来店すると、自分と年の近い若いスタイリストたちが生き生きと働いている姿を目のあたりにします。そして、「自分もこうなりたい」「SHACHUで働きたい！」と感じ、リクルートにつながっているのだと思います。

——まさにSHACHUは若いスタッフが大活躍しているサロンですよね。

みやち　そうなんです。アシスタントが練習をしないことが美容業界では問題になっている、とよく耳にしますが、SHACHUのアシスタントたちは、"練習バカ"ばっかり（笑）。理由は、厳しいカリキュラムを乗り越えてきた先輩たちがデビュー後、確実に結果を出している（売れている）からです。身近でサクセスストーリーを見ているからこそ、苦しい時も愚直に努力を尽くせるのです。このような若い子たちが活躍できるサロンづくりは僕の夢の一つでもあったので、今の環境は守っていきたいですね。

個を尊重し高め合える集団へ

——6年目を迎えるSHACHUですが、これから進むべき方向を教えてください。

みやち　これもオープン当初から変わっていないことですが、SHACHUが目指すのは、個の強いサロンです。ベースとなる共通の技術はしっかりと持ちつつも、打ち出していく女性像やデザインは個々に任せています。色々なタイプの美容師が一つのサロンにいた方が、選択肢が広がるのでお客さまにとっても良いし、サロンとしても発展性があると思っています。また、個を強める一方で、集団としてもこれまでに確立してきたハイトーンカラー、デザインカラーを軸に、常にクリエイティブな新しい挑戦をし続けたいです。

公式インスタグラムは情報の宝庫！

サロンイベントやリクルートはインスタグラムの公式アカウント内で告知し、周知を図っている。

スタイリストが個人アカウントで投稿したヘアデザインを公式アカウントでリポスト。デザインを入り口にスタイリストの名を広める役割も。

スタッフは個人のアカウント内で各々が創意工夫を凝らしたコンテンツを展開。その中から秀逸なものを公式アカウントでリポスト。

公式アカウントは、ブリーチ回数別の色みの違いなど、お客さまがオーダーする際に役に立つ選りすぐりのコンテンツが盛りだくさん。

SHACHU 5 AND A HALF YEAR TRAIL

SHACHU 5年間半の軌跡

2014年4月、みやち氏とMORIYOSHI氏の2人が、10坪3席の小さな場所（現・神南店4F）で、SHACHUをスタート。
そこからたった5年間半でスタッフの数は30人弱に増え、月2千万円を売り上げる超繁盛店に急成長。その軌跡を追います。

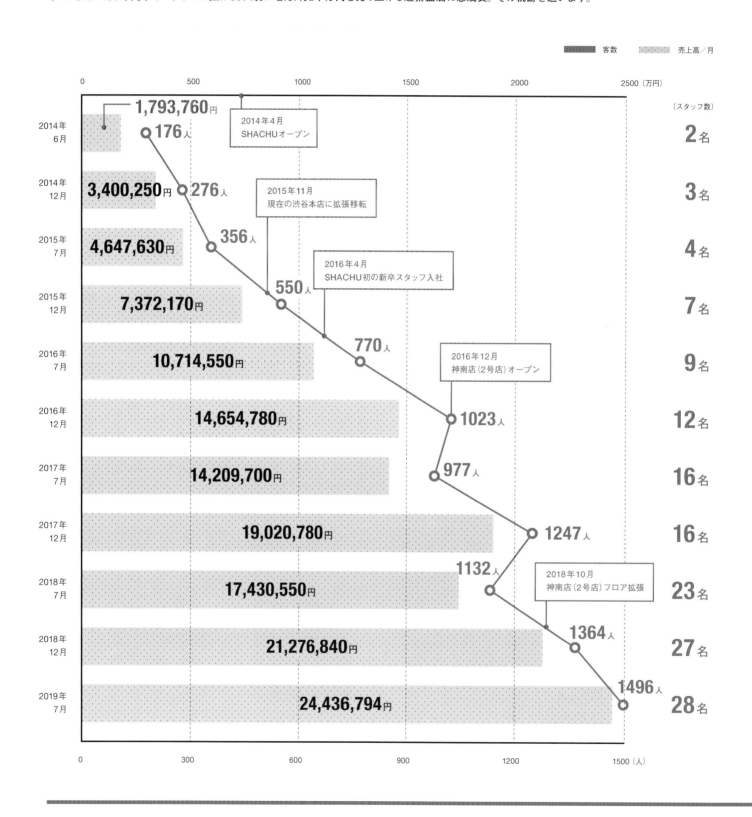

■ 客数　　░ 売上高／月

		（スタッフ数）
2014年6月	1,793,760円　176人	2名
2014年12月	3,400,250円　276人	3名
2015年7月	4,647,630円　356人	4名
2015年12月	7,372,170円　550人	7名
2016年7月	10,714,550円　770人	9名
2016年12月	14,654,780円　1023人	12名
2017年7月	14,209,700円　977人	16名
2017年12月	19,020,780円　1247人	16名
2018年7月	17,430,550円　1132人	23名
2018年12月	21,276,840円　1364人	27名
2019年7月	24,436,794円　1496人	28名

2014年4月
SHACHUオープン

2015年11月
現在の渋谷本店に拡張移転

2016年4月
SHACHU初の新卒スタッフ入社

2016年12月
神南店（2号店）オープン

2018年10月
神南店（2号店）フロア拡張

HISTORY OF SHACHU HIT COLOR
SHACHU HIT COLORの変遷

長く続くヘアカラーブームの中、SHACHUは
オープン当初よりさまざまなヘアカラーデザインを発信し、
トレンドを牽引しています。
その流れをおさらいし、2020年の最新注目デザインを紹介します。

'14

ALIEN STYLE HIGHLIGHTS
外国人風ハイライト

グレージュ系のベースカラーの表面にウイービングで繊細にハイライトをオン。外国人ののようなやわらかな質感で明るいヘアカラーデザインが空前の大ヒット。

'15

GREIGE GRADATION
グレージュグラデーション

引き続きグレージュ系カラー人気の中、SHACHUが新たに仕掛けたのが、根元は暗め、毛先にかけて明るくなるグラデーションデザイン。洗練されたこのデザインカラーがおしゃれに敏感な女性たちの間で話題に。

'16

WHITE COLOR
ホワイト系カラー

「SHACHUカラー＝ハイトーンカラー」と世間にイメージづけたともいえるのが、ホワイト系カラー。ムラなく仕上げることが必須。高い技術力を示したヘアカラーデザインでもある。

'17

UNICORN COLOR
ユニコーンカラー

SHACHUを代表するヘアカラーデザインとなったのが、ユニコーンカラー。多色を組み合わせたインパクトのあるデザインは、ユニークなネーミングも相まってインスタグラムを中心に話題沸騰。今でも根強い人気を誇る。

'18

HEM (LINE) COLOR
すそ（ライン）カラー

毛先にビビッドな色みを加えたアクセントカラーデザイン。波ウエーブと強めのリッジをミックスした「SHACHU巻き」と好相性。2019年以降はラインカラーというネーミングで引き続き人気継続中。

FADING NEATLY
キレイに
色落ちするカラー

'19

おしゃれに敏感な女性たちの心を奪ったのが、褪色していく過程も楽しめる「キレイに色落ちする」カラー。カラーシャンプー＆トリートメントも駆使し、日々変化するヘアカラーを提供！

'20　　＼ ヒット中！ ／

INNER COLOR
インナーカラー

前髪の内側やアンダーセクションにビビッドな色みを忍ばせるヘアカラーデザイン。

DOWNY HAIR COLOR
うぶ毛カラー

その名の通り、うぶ毛部分のみ色を変える斬新なポイントカラーデザイン。

「美容学校にでも行く」
ではなくて、
「美容学校にしか行かない」
という覚悟を決める

卒業後の進路を決める際、「やりたいことが見つからないから、とりあえず」であったり、「何となく美容専門学校かな」程度ならば、美容専門学校は絶対にオススメしません。なぜならば、「とりあえず」や「何となく」で進学するには、授業料が高額過ぎるし、授業や課題が多く、遊ぶ時間なんてないからです。僕の場合、有名大学に合格する程度の学力を身につけ、さまざまな選択肢を広げた上で、美容師になりたいから美容専門学校に行く、という道を選択しました。そうしたことで、何が何でも美容師になってやる、という覚悟が決まり、その後、さまざまな壁にぶち当たっても「美容師になりたい」という気持ちはブレませんでした。

高校生

HAIRDRESSER'S LIFE MAP

みやちのりよしまし

ターニングポイントを乗り切る!
美容師人生マップ

美容師人生は短期間に次々と重大な局面を迎えます。
その時々でどのように考え、乗り越えると、
豊かな美容師人生を送ることができるのでしょうか。
節目ごとにしたためられた、みやちオーナーからのメッセージをお届けします。

美容専門学校生

専門学校は義務教育ではなく、美容師になるための見習い期間です。自分が選び、踏み込んだ道だからこそ、「面倒くさい」「やりたくない」という気持ちで、授業に臨んではいけません。技術などで失敗し、そのことで周囲への体裁が悪くなり、悪ぶり、ごまかす人も出てきます。初めて学ぶことなので、上手くできないのは当たり前。大した努力もせず、逃げる方がよほどカッコ悪いことです。美容をやりたいと決めて専門学校に入った以上は、苦手なことにも挑み、続ける覚悟が大切です。

また、就職活動は美容師という夢を叶える場所を決める、まさに勝負どころです。働きたい美容室を徹底的にリサーチし、絶対に受かるように全力を尽くしましょう。万が一、それが報われなかった場合、「悔いが残らないぐらい頑張った」と晴れやかな気持ちになるのか、それとも「もう少し頑張っておけばよかった」と悔いを残すのか……。前者であれば、今後のあなたの美容師人生は明るく輝けるものになるでしょう。

美容でお金を稼ぐ!
という明確な
イメージを持ちながら
学生時代を過ごす

アシスタント

よく働き・よく遊び・よく休む

「空き時間や休日は全てモデハン（モデルハント）」という時代は、もう終わりました。これから活躍・飛躍する美容師は、よく遊んで美容業界以外のことも知り、ゆっくり休んで英気を養う、これをアシスタント時代に思い切りできた人だと思います。そしてこの「よく遊び・よく休む」は、サロンワークにおいてお客さまへの最高のパフォーマンス（よく働く）につながります。

また、アシスタント期間中は、早くデビューをしたいという焦りから、思いがくすぶりがち。しかし、デビューに向けてやるべきことは明確なはずです。カリキュラムをクリアできないなら、練習あるのみ。ごまかさず、シンプルにそれをやるしかないのです。少しでも伸びている、進化していることを実感できれば、苦しさから解放されます。「できないこと」よりも「できるようになったこと」に焦点を当てるように心がけてみましょう。

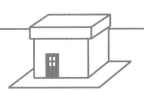

スタイリスト

悩み、立ち止まらずとにかく行動を！

念願のスタイリストデビューを果たしても、売り上げが伸び悩んだり、お客さまとコミュニケーションが上手くとれないというような悩みを抱えている人もいるでしょう。一生懸命に努力しているのに、なかなか結果が出ない。そのような人たちには、インプットしたことをアウトプットできていない、という傾向が見られます。たとえば、せっかくセミナーに参加して新しい技術を習得したり、毎日インスタグラムでトレンドチェックしたりしていても、それらを自分の中だけに留めておき、サロンワークに生かせていないのです。見聞したことは、行動に移した時に初めて理解したことになり、その行動が成功すると自信、評価へとつながります。

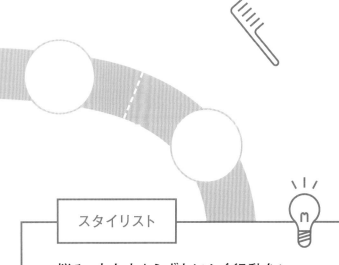

店長（中間管理職）

苦境を楽しむ心の余裕を持つ！

上司（オーナーなど）と後輩（部下）たちの間で双方の意見を聞き、美容室内の円滑な人間関係を構築する、これが店長（中間管理職）の役割です。メンタル的な立ち位置が難しいところだと思いますが、オススメなのは、上司には冷静に、後輩（部下）には熱い感情を出して接することです。また、中間管理職という役割を「面倒くさい」「損な役回り」などネガティブにとらえず、やり方を工夫し、自分流にアレンジしてみるのもいいと思います。たとえばオーナーから「もっと入念に掃除しろ！」と注意されたら、後輩たちの好きな音楽をガンガン流しながら掃除する「掃除フェス」を企画して、面倒な掃除も楽しくする。「責任感ある立場＝任せてもらっている」ことなので、その境遇を楽しむことも大切です。

30代

将来を見据えて
ライフプランを再設定

美容師歴10年以上になると、美容師人生における重大な局面も三者三様になります。脇目もふらず、美容の道を突っ走ってきたならば、ここで一度、自分が本当にやりたいことは何か、何を目的にしていこうか、というような、将来の自分の在り方を考えてみませんか。それが引いては、お金や生活スタイルの改善と変化につながるかもしれません。40代、50代、60代、そしてそれ以降も、楽しく豊かな人生を送るために必要なことではないでしょうか。

SHACHU HAIR PRODUCTS
STYLING ITEMS

トレンドヘアに欠かせない
最強スタイリングアイテム

本書掲載の全スタイルに使用し、SHACHU巻きの仕上げや
質感コントロールに欠かせないスタイリング剤を紹介します。

『SHACHU HAIR PRODUCT』

CREAM WAX（サロンオリジナル）

程よい束感とツヤを生み出すウォーターベースのヘア
ワックス。カチッと固めないのにスタイリングをしっか
りキープ。同シリーズのマルチオイルをお好みでミッ
クスしてもOK。

120g／¥2800＋税

『SHACHU HAIR PRODUCT』

MULTI OIL（サロンオリジナル）

ブリーチを繰り返したダメージ毛やパサつきが気になる髪に
ツヤと潤いを与え、なめらかな指通りを叶えるオイル。アウト
バスオイルとしてはもちろん、スタイリング剤としても。同シリー
ズのクリームワックスを混ぜて自分だけのテクスチャーに。

150ml／¥2800＋税

香りはフレッシュなNASHIの香り。
ウェットヘア、ドライヘアどちらでも◎

AFTERWORD
あとがき

『SHACHU本』をお手に取っていただき、ありがとうございました。
『SHACHU秘伝のヘアレシピ』、『THE COLOR 〜SHACHUカラーのヘア
カタログ〜』に続き、3冊目となるサロンブックですが、この度も書籍出版
の機会を与えてくださった女性モード社のみなさま、撮影・制作に携わっ
てくださった全てのみなさまへ深く感謝申し上げます。
SHACHU Familyのみんなも、いつもありがとう!!

いきなりですが、みなさんは人と人がコミュニケーションを取る上で、何が
一番重要だと思いますか? 僕は、笑顔だと思っています。
キラキラと輝く素敵な笑顔は、暗い話題や病をも和らげる効果があります。
日々、お客さまをお見送りする時に「素敵な髪型にしてくれてありがとうご
ざいました!!」と言って笑顔で帰られる姿を見るととても安心します。お
客さまの喜ぶ顔はなによりも僕のエネルギーの源なのです。
もちろん、家族や友達、一緒に働くスタッフに対しても同じ気持ちです。
だから、どんな時でもこの身に付けてきた「技」で、たくさんの方を笑顔に、
明るい未来を切り拓き続ける、そう心に誓っています。

よく僕のことを「成功している人」などと言ってもらえることがありますが、
いまがゴールだとは思っていません。『秒速で進化』──この言葉は常に
念頭にあります。
美容に対して全力で、貪欲に。もっと技を磨いて、幸福を生み出したい。
新しいもの、古いもの、変わらないもの、全ての物事を大切にしていきたい。
この本には、SHACHU一丸となって取り組んだ「技」がたくさん詰まって
います。
少しでも多くの美容師の方や美容師を志す美容学校生のみなさんが、こ
の本をきっかけにどんどん己の「技」を切り拓いてくれたら嬉しいです。

「技」を磨き、研ぎ澄ませ、やり遂げる。
「技」と本気で向き合えば、いつか「技」があなたを助けてくれる。
「技」の可能性は無限大。困難や苦境がきっといいきっかけになる。

「いざ、切り拓く、技!」

SHACHU みやちのりよし

SPECIAL THANKS

[P2-9の衣装問い合わせ先]

M.Y.O.B NYC
〒150-0001 東京都渋谷区神宮前1-11-6
tel.03-6447-0087
black weirdos
blackweirdos.com

OTOE
〒150-0001 東京都渋谷区神宮前2-31-9 クリスタル神宮前ビル2F
tel.03-3405-0355

Comcode SHOWROOM
〒150-0001 東京都渋谷区神宮前2-6-10 B1F
tel.03-6434-7136

SHACHU
シャチュー(みやちのりよし代表)

2014年4月に設立し、東京・渋谷2店舗を展開するトレンドサロン。
ハイトーンのデザインカラーをはじめ、
クオリティの高い技術とセンスで、美容業界のみならず、
ファッション業界からも注目を集める。
著書に『SHACHU秘伝のヘアレシピ』、
『THE COLOR〜SHACHUカラーのヘアカタログ』(いずれも小社刊)。

シャチューボン
SHACHU BOOK トレンドカラーの教科書

2020年3月25日 初版発行

定価　本体2,800円＋税

著者	SHACHU
発行人	阿部達彦
発行所	株式会社女性モード社
	https://www.j-mode.co.jp
	[本社] 〒107-0062 東京都港区南青山5-15-9-201
	tel.03-5962-7087 fax.03-5962-7088
	[支社] 〒541-0043 大阪府大阪市中央区高麗橋1-5-14-603
	tel.06-6222-5129 fax.06-6222-5357
印刷・製本	図書印刷株式会社
ブックデザイン	渡辺和音・宮垣朱音 [ThereThere]
写真	Kodai Ikemitsu [Tron] (P2-9)
	Kei Fuse [JOSEI MODE]
ウイッグ協力	株式会社三矢